21世紀ブックレット
56

神への従順とキリスト者の抵抗権

桑島みくに・登家勝也・野寺博文・山口陽一

信州夏期宣教講座 編

いのちのことば社

はじめに

日本同盟基督教団　野沢福音教会　小寺肇

今回の信州夏期宣教講座の講演記録は、一昨年の二〇一六年七月十八日（於・在日大韓基督教会横浜教会）に行われたエクステンションのものと、八月二十二〜二十四日（於・信州上田霊泉寺温泉中屋旅館）に行われた宣教講座の講演である。八月の講座では、山口陽一牧師、登家勝也牧師、野寺博文牧師、桑島みくに氏がそれぞれ講演を担当された。

今回の統一テーマは、「神への従順とキリスト者の抵抗権」である。まず、山口牧師は、世界と日本の教会において、ローマ書一三章がどのように読まれてきたかを、宮田光雄の研究に学ぶことを通して明らかにしようとしている。さらに、宮田が紹介していない「森派」こと耶蘇基督之新約教会の寺尾喜七の尋問調書を考察することを通して、ローマ書一三章の真意に迫ろうと試みる。特に山口牧師は、寺尾のうちに、「戦時の非常時局下において、一般の教会が皇国の道に従うことで臣民としての『証し』を立てようとしたのとは好対照な信仰の証し」を見ている。そして、「この世に遣わされて仕えつつ、この世のものではない者として歩むべきことをローマ書十三節の解釈史から学ぶこと」の重要性を指摘している。

次に、登家牧師のローマ書一三章の釈義に関する講演では、非常に重要な指摘がなされる。一三章一節の「上に立つ権威に従う」という箇所の分析に教えられる。「上に立つ権威」とは、「配置された地位」にすぎず、それは「上位の主権者」であられる「教会のかしらイエス・キリストにある神」が、「任につけられた」ものであり、この方こそがこの世の権威を「その地位に配置なさっている」のだと言う。そして、このことから、この世の権威者に「従う」ことも本来の「下支えする」という意味となり、教会は権威を下支えする存在にほかならないと言う。また、二節では「教会はこの至高権の主への服従を生命とし、存在理由としている。この秩序のためにこそ権威者への服従が命じられている」ということを改めて教えられる。ここから、教会は何のために、どのような時に、国家の権威者に抵抗すべきかが明らかにされる。

次に、野寺牧師の講演では、ボンヘッファーの抵抗権思想が取り上げられている。ここでは、四つの点で考察されている。ⅰ信仰告白、ⅱユダヤ人問題、ⅲ二王国論の克服、ⅳ非常時における抵抗、この四つである。一つ一つ、じつに丁寧に論が進められている。そして、それらを踏まえたうえで、野寺牧師は、結論として、今日の日本の教会に訴える。「まず教会が世の権威に従属せずキリストにあって立つことが必要である。」 そして、二つ目に「今日の教会が信仰告白の危機にないかをあらためて問い直す必要がある」。そして最後に、「自らの責任を放棄している国家に対して、その責任を教えることはもちろん、やむなく成り代わることも含めて、教会が教会であることは今日具体的にどうあることかを根本から考え直す必要があるのではないだろうか」と、私たち日本の教会に迫っている。

次に、「御国の民として生きる」という題での講演で、桑島氏は学生という立場で、今の政治の現状に対して、良心と信仰において危機を感じ、実際に行動を起こしたその体験を土台に語っている。「福音を信じるキリスト者であることと、政治について考えたり行動したりすることは、矛盾しません」と彼女は言う。また、「福音を味わうほどに、さまざまな破れと混乱のある現実社会の中で、私はどう福音に生きるのか、いつも問われてきました」と、率直に語ってもいる。私は、彼女のうちに、自ら「破れ口に立つとりなし手として、祈り……行動」していきたいとの熱き思いを感じ取った。このような青年キリスト者を起こしてくださった主に、心からの感謝を禁じ得ない。

最後に収めさせていただいた記録は、「スピーチ　差別をやめて、共に生きよう」という中学二年生（当時）の中根寧生さんの切実な訴えである。まさに、胸がつぶれるような切なる叫びである。日本国籍を持っている者が当たり前と思っていることが、決して当たり前ではないという現実があることを、この叫びはまざまざと私たちに突きつける。決して許されないことが、まかり通っている現実がある。人格の尊厳が踏みにじられている。それをなんとか阻止するために、踏みにじっている人たちを説得し、非暴力で抗っていかねばならない。強い迫りを受けるスピーチである。

今回の記録集の標題は、多少固い印象を受けるかもしれない。しかし、読み終えたとき、自分も何かをせざるを得ないのではないか、と思わされる一冊となっている。ぜひ読み通していただければ幸いである。

今回の記録は、講座から二年が経ってしまった。出版を待っていてくださる方々には、大変申し訳ないこととなってしまった。どうかご容赦いただきたい。

いのちのことば社出版部の方々に、今回も多大なご苦労をおかけしたことに対して、心からお礼を申し上げたい。

（信州夏期宣教講座世話人代表）

目次

近代日本とローマ書一三章――宮田光雄の論考から寺尾喜七まで

山口陽一

はじめに

二〇一五年の講座では「日本的キリスト教」の考察を行った（信州夏期宣教講座編『「日本的キリスト教」を超えて』いのちのことば社、二〇一六年を参照）。アジア太平洋戦争期に出版された「日本的キリスト教」に関する書物五十冊ほどを分析し、これを「混淆、積極的両立、触発、対立的両立、対立」に五類型した。そして「日本的キリスト教」の核心として国体と天皇への敬慕の感情を挙げ、これが聖書という規範に優先することを考察した。*1

ここでは、ローマ書一三章が世界と日本の教会においてどのように読まれてきたかを検討するが、これに関しては宮田光雄の緻密な長年の研究に学ぶことにする。宮田の研究を、本項の1～3で紹介する。以下は、すべて宮田の言葉を集約したものであることをお断りしておく。4では、宮田の研究に対する私の評価と、宮田が紹介していない「森派」こと耶蘇基督之新約教会の寺尾喜七の尋問調書を紹介し、考察する。

1　宮田光雄『国家と宗教』――研究の端緒と基本的視座

宮田光雄は、「ローマ書十三章の影響史＝解釈史」の観点から日本における「教会と国家」の課題を考察している。この着想は、テュービンゲン大学に留学した一九六〇年代に、エルンスト・ケーゼマンの「ローマ書」講義、特にその論文「われわれの世代におけるローマ書十三章一～七節」に魅せられてのことであるという。一九九一～九四年に『思想』（岩波書店）に連載した「国家と宗教――ヨーロッパ精神史におけるローマ書十三章」と、同じく『思想』（一九八七年）に掲載した「権威と服従――天皇制ファシズムとローマ十三章」は、『宮田光雄集〈聖書の信仰〉Ⅳ』（岩波書店、一九九六年）にまとめられた。さらに、日本におけるローマ人への手紙一三章は大幅に増補されて、『権威と服従 近代日本におけるローマ書十三章』（新教出版社、二〇〇三年）となる。この両者を合わせたものが『国家と宗教』（岩波書店、二〇一〇年）である。

宮田は言う。「国家と宗教の問題は、ヨーロッパ政治思想史の背骨を形づくる、もっとも基本的な座標軸と言ってよい」（『国家と宗教』二頁。以下引用は同書から）。宮田は南原繁の東大法学部における最終講義の年の「政治学史」から強い影響を受けた。南原の確信は、「およそ国家の問題は、根本において全文化と内的統一を有する世界観の問題であり、したがって、究極において宗教的神性の問題と関係することなくしては理解し得られない」であった。[*2]

ローマ書一三章一～七節に関する宮田の理解を簡潔に述べれば以下のようになる。

「国家的『権威』にたいする服従は、エルンスト・ケーゼマンの指摘するように、『この世』の世俗的《日常性における神への奉仕＝礼拝》（ローマ一二・一―二）の一部をなすものである。いわば、この前括弧に対応して、後括弧の位置を占めるのが後出の《終末論的視点》（ローマ一三・一一―一四）にほかならない。すなわち、国家は過ぎゆくこの世に属する暫定的な存在である。それはけっして絶対的なものでも究極的なものでもなく、究極以前のもの、相対的な秩序にすぎない。」（二一頁）

南原の精神《ガイスト》を引き継ぎ、ケーゼマンに学んだ宮田のローマ書一三章に向き合う姿勢はここに定まっている。宮田の『国家と宗教』は、第Ⅰ部「ヨーロッパ精神史におけるローマ書十三章――ローマ帝国の時代から二つの大戦の時代まで」、第Ⅱ部「近代日本思想史におけるローマ書十三章――明治期プロテスタンティズムから太平洋戦争の時代まで」で、五百二十八頁におよぶ大著である。

2　第Ⅰ部「ヨーロッパ精神史におけるローマ書十三章」

〈古代・中世教会の釈義的遺産〉

原始キリスト教が政治宗教＝皇帝礼拝を拒否したことはヨーロッパ政治思想史で画期的としたうえで、コンスタンティヌス体制以後のエウセビオスによる政治的神学と、アウグスティヌスによる神の国と地の国の対比という二つの考え方が確認される。アウグスティヌスによれば、「二つの国は、歴史の歩みの中で互いに混在してあらわれ、最後の審判の日にいたって、はじめて峻別されるという。『神の国』は、その二元論的峻別を通して、教会の国家化と国家の教会化とをともに原則的に否定している」(六六頁)。

中世の抵抗権と両剣論を論じ宗教改革に至ると、まず、ルターの『キリスト者の自由』における「自由な君主にして従う僕」は、ローマ書一三章の釈義をテーゼとして定式化したものという宮田の指摘に頷かされた。ルターの二王国論は、世俗的権力を無制限に承認しているわけではなく、むしろ世俗的権力を《制限》する方向に働いている(八七頁)。

〈宗教改革とその周辺〉

ルターは《二つの国》の峻別を強調したが、カルヴァンは《統治者の責任》を訴え、「我々が上に立てられた人に臣従するのは第二義的用件であり、しかも主によってでなければ我々は上なるものに従うこともないのである」と宗教的抵抗権を明示したとされる。

〈近代国家論とローマ書一三章〉

マキャヴェリは中世的な教会規範から世俗的権力を《解放》し、政治的なものの《自律》を根拠づけ、加えて《政治宗教》の創設すら視野に入れた(一二二～一二三頁)。ジャン・ボダンの『国家論』(一五七六年)は宗教を政治から切り離したうえで、主権の絶対性から抵抗権の否定を引き出している。一方、カルヴァンとベーズの線上に立つユグノーの「モナルコマキ(暴君放伐論)」は、「君主が、《諸王の王》としての神の法に反し、神の領域を侵害する場合、暴君となる。人民は、これに対して武装抵抗の権利および義務をもつ」とした(一二七頁)。また、アルトゥジウスは『体系的政治学』(一六〇三年)において、「ボダンの主権概念を批判的に受け入れ、それを人民全体に帰属させることによって、はじめて人民主権の概念を首尾一貫して打ち立てた」（一二九頁）。アルトゥジウスは「彼はあなたに益を与えるための、神のしもべなのです」（ローマ一三・四）を政治思想の中心に立てる。今日の視点からしても注目に値する。一方、グロティウスは、ローマ書一三章の焦点は戦争の権利であり、「抵抗権が残るならば、もはや国家は存在しない」（一三五頁）と主張した。

イングランドでは、一六世紀末にジェームズ一世が王権神授説を聖書から主張するが、もはや反論の洪水を引き起こすのみであった。ミルトンは王権神授の絶対主義を批判して人民の革命権を宣言する。ホッブズの契約論に基づく国家論『リヴァイアサン』（一六五一年）では、もはや聖書の根拠づけは意味を持たなくなり、ジョン・ロックの『市民政府論』（一六九〇年）は近代民主政治の根本原則として《合意による支配》を基礎づけた。ルソーの『社会契約論』（一七六二年）においては、社会契約のみが決定的であり、ローマ書一三章は不要とされ、変わって《市民宗教（religion civile）》が導入される。

ドイツ観念論は選ばれた個性の完成を民族的総体性のうちにも認めようとする。シュライエルマッハーは、ルター主義的な国家意識の宗教感情により、単なる義務ではなく積極的に国家に奉仕することを説く。ヘーゲルは国家を《人倫的理想の現実態》と規定してローマ書一三章の神学的伝統を世俗化した。ドイツ観念論の中でローマ書一三章を用いて近代国家論を神学的に基礎づけたのはフリードリヒ・ユリウス・シュタールのみである。彼は社会契約説を否定し、国法を個人の《内面的意思》によって担保する推進力として《宗教義認論》を機能させる。つまりプロテスタント的「自由な服従」である。宮田は「シュタールの政治哲学は、民衆の《非政治化》という点においては、たんに《政治的無関心》をつちかうだけの宗教的敬虔よりも、いっそう危険な影響力を秘めていたとも言えるだろう」と批判する（一六八頁）。ドイツ敬虔主義の代表的注解書であるベンゲルの『グノーモン（新約聖書の指針）』から、権力批判に関わる契機は何一つ引き出されない。

〈二つの大戦の時代〉

ナチ支配体制に対する教会の闘争を契機として、ローマ書一三章は再び注目を浴びる。一方にはケーニヒスベルクの教会大会における「祖国愛声明」（一九二七年）に見られる政治的権威に対する服従と祖国愛の表明があった。同声明は言う。

「教会は各人が神の言葉のゆえに国家的秩序に服従することを望む。教会は、各人がその共同責任を自覚し、民族と国家とを強化し改善するすべてのことに献身することを望む。」

カール・バルトの『ローマ書』（一九一九年、一九二二年）は、こうした状況に真っ向から否を突きつけた。バルトの基調にあるのは、神の《神たること》、人間に対する神の固有の存在と主権の断乎たる主張であり、人間の歴史や文化をふくむ被造物神化に対する明確な否定であった。これはローマ書一三章の解釈にも貫かれる。国家の権威主義的解釈は一掃され、偶像礼拝から解放されて、もっぱら神への服従に生きることが鮮明に語られる。国家は「創造の秩序」ではなく、「恵みの秩序」であり、終末論的に限定された「相対的秩序」とされた。このローマ書一三章の理解が「バルメン宣言」（一九三四年）第五テーゼに表れる。

「国家がその特別の委託を越えて、人間生活の唯一にして全体的な秩序となり、したがって教会の使命をも果たすべきであるとか、そのようなことが可能であるかというような誤った教えを、われわれは退ける。」

しかし、バルメン宣言への反対宣言として、ルター派正統主義のアルトハウスやヴェルナー・エーレルトらによる「アンスバッハの勧告」（一九三四年）が表明され、《ドイツ的キリスト者》の立場に一致するものとして広範に歓迎された。

バルトは『義認と法』（一九三八年）において、キリスト論的視点から《政治的神奉仕》を根拠づける。ローマ書一三章の《秩序の神学》を払拭し、国家が国民に求めるのは《愛》ではなく、断乎として責任を負う《非陶酔的行動》であることを明らかにした彼は、ローマ書一三章の延長線上に《民主主義的》国家を位置づけている。

「バルメン宣言」の路線をもっともラディカルに生きたボンヘッファーは、ローマ書一三章が国家権力の担い手ではなくキリスト者に語りかけていることを強調する。遺稿集『倫理』においてローマ書一三章の解釈に触れた「国家と教会」では、バルトの『義認と法』の影響下に政治的権威の領域における《秩序》《身分》《職務》などの概念に代わるものとして、キリストの主権の下に立つ《召命》のモメントとしての《委任》を提唱している。

〈中間的考察〉

「すでにパウロの《基本的視座》で確認したように、《良心的服従》には——現代的に言えば——政治的な《見張り人》としての可能性も、原理的に内在されていたのではなかろうか。現代社会においては、国家権力にたいする《服従》は、けっして受動的な姿勢に終始するものでも、また諦念的な態度で状況に流されるままでいることでもありえない。むしろ、それは、政治過程にたいして自覚的・批判的に参加することにほかならない。」（二六三～二六四頁）

3　第Ⅱ部「近代日本思想史におけるローマ書十三章」

あらためて確認される視座は、「近代日本においてローマ書が受け入れられたとき、㈠国家《権威》は、つねに《神》によって限定され、地上の世俗的制度として相対化されることができただろうか。㈡キリスト者の《服従》は、国家の機能にたいするザッハリヒな認識とともに《良心》による信仰的決断によって限界づけられていただろうか」（二七三頁）である。

〈プロテスタント宣教師たち〉

ジョン・Ｈ・デフォレストの『西教十誡真論』（一八八一年）など、初期の『十戒』パンフレットでは神の超越性が語られており、ドワイト・Ｗ・ラーネッド『ローマ書注釈』（一八八四年）ほかでも《服従》の限界が明確に示されている。

〈明治キリスト教とローマ書一三章〉

初期のもっとも注目すべきものとして、天皇崇拝に厳然たる一線を引く小崎弘道『キリストと皇室』（一八八五年）がある。

「弟子ラノ教エシトコロ、カクノゴトク厳重ナリトイエドモ、政府或イハ国君ノ命トアレバ何時ニテモ何事ニテモコトゴトクタダ命コレ従ウベシトアラズ。時ニハ国君ノ命タリトモ従ウベカラザルコトアリ。事ニ依リテハ政府ノ法令タリトモ反対セザルベカラザルコトアルハ、彼ラノナセシコトニ由リテ明ラカナリ。」（二九八頁）

小崎弘道は、『政教新論』（一八八六年）、『基督教ト国家』（一八八九年）において文明の推進力として個人の人権を語り、田村直臣は『基督教と政治』（一八九〇年）において君主制のみが「真の国」ではないとし、「人間に在《ま》します天皇陛下を神として尊敬いたしますは。天皇陛下に対してすまぬ理由《わけ》。又神に対しては大きな罪です」と述べる。

帝国憲法発布後の民法典論争が起こったとき、原田助はローマ書一三章に言及し、「有司は『神の僕』なり悪を罰し善を賞し国家の秩序を保維するは神の命を執行する所以也、是故に其範囲内に於ては凡て人民は上権に服従するの義務あるを云ふにあらずや。主権者たる者権を乱用し無道の政治を執る者にも従順なるべしと云ふにあらず、是れ君にして君たらざる者なり」と不服従の可能性をも承認している（三〇六頁）。

教育勅語不敬事件のときのローマ書一三章をめぐる議論では、「若《も》し夫《そ》れ国家を以て唯一の中心となし、人の良心も理性も国家に対しては権威なく、唯人を以て国家の奴隷国家の器械と為す、是れ国家主義か」という柏木義円の反論がもっとも鋭いように思われるとされる（三二一〜三二二頁）。

また、東京帝大史学科教授ルートヴィヒ・リースの『日本雑記』（一九〇二年）は、「古くから伝わる国民宗教が、このような儀式（注・御真影拝礼）において、先祖崇拝と王家の神的起源にたいする信仰とが奇妙に混合するという形で新たに蘇ってきたことは火を見るより明らかである」と警告している。

日清・日露戦争以後、ナショナリズムの潮流の中で、「天皇制国家にたいするキリスト者の批判的な姿勢ないし少なくとも冷静な距離をおいてみる見方は、一八九〇年代から一九〇〇年代にかけて、しだいに転換していった。これには日清・日露の戦争と勝利の体験が大きく作用しているであろう。国民あげてのナショナリズムの高揚の中に、天皇制国家への一体化が進行していった。天長節はじめ皇室の慶事のために教会で祝賀会が開かれ、そこでローマ書十三章の朗読が行なわれるようになったようだ」（三二九頁）とされる。

外圧に加え、新神学は内部的にナショナリズムを助長した。海老名弾正は、ローマ書一三章を「摂理」史観で徹底する。日本人の手になる注解として加藤直士『羅馬《ろま》書注解』（一九一一年）、安部清蔵『羅馬書講解』（一九一一年）、あるいは小崎弘道『国家と宗教』（一九一三年）が出されるが、「神の大権」や「良心」に基づく天皇制国家への政治的批判の視点は乏しく、既存の国家体制を前提したキリスト教倫理といった趣であり、これが《三教会同》の時代の様相である。

〈大正デモクラシーとローマ書一三章〉

この時期、内村鑑三『羅馬書の研究』（一九二一〜一九二二年）は、神が立てた国家権力への《服従》と、その限界を超えるものとして《愛敵》の精神による非暴力の市民的抵抗を表明する。吉野作造は明治憲法下のリアリズムとして、民主主義ではなく《民本主義》を主張した。この点、彼の牧師海老名弾正と相違がないように見えるが、吉野の場合、日本的特殊主義にとらわれることはなかった。柏木義円は、吉野にまさって民主主義を徹底する。「国家のための人」ではなく、「人のための国」「目的としての人」との主張は、柏木の真骨頂である。

〈天皇制ファシズム確立期のキリスト教〉

一九三〇年代初期には時代転換の兆しが見える。高倉徳太郎『ロマ書講義』は《聖義国家》を語ることで偏狭な愛国心を批判する。中川景輝『ロマ書の精神』（一九三〇年）は、神社参拝強制問題に触れながら暴虐な専制政治を退ける。畔上賢造や黒崎幸吉においては、国家権力を立てた神への信仰を説くことにおいて内村鑑三を継承しているが、内村にあったような不正への抗議や非暴力的抵抗は後退する。塚本虎二と政池仁は無教会の人々の中で対極にある。塚本がキリスト教と日本の国体の間に矛盾はないと言い切ったのに対し、政池は「国が自らを亡す様な事をしてゐる時、之を悟つて警告を発しないのは罪であります。かかる場合は言論の自由を使用するのが義務であります」（三六六頁）と述べる。

そして、一九三〇年代には《日本的キリスト教》の先駆と言うべき説が現れる。谷口茂寿は、塚本より鮮明に「連綿としてつゞく一系の皇統」による日本を肯定する。中田重治は《日ユ同祖論》を持ち出して日本の国体が聖書の教えと一致することを説く。

衆議院での「国体明徴」決議（一九三五年）を受け、文部省は『国体の本義』（一九三七年）を全国の学校に配付して天皇制国体を徹底し、文部省教学局の『臣民の道』（一九四一年）はこれを日常生活に適用した。《日本的キリスト教》としては、キリスト教と国体との習合を主張した組合教会の渡瀬常吉『日本神学の提唱』（一九三四年）があり、椿真泉、佐藤定吉、大谷美隆らがこれに続くが、最右翼の皇国史観に立ったのは日本基督教会の今泉源吉らによる《みくに運動》である。「皇国即神国」「天皇陛下即神也」がこの運動の二大テーゼであり、こうしたエクセントリックな傾向は教派の垣根を越えて広がる。民衆芸術論のリーダー加藤一夫の《日本的キリスト教》は《天皇信仰》と完全に合一化する。

比屋根安定はこれらの《日本的キリスト教》の《習合論》を批判しつつ、日本の精神風土の上に独自の特色を持つ日本のキリスト教を展開し、結論として「信仰に於て日本を愛し、日本を導き、日本に仕へる事」を語る。しかし、民族精神と基督教信仰との相互的な折衝と影響を認めるかぎり、民族主義的な国家的使命と理想の問題を避けて通ることはできないと宮田は考える。これを《日本的歴史主義》と呼ぶとすると、組合教会系の教義史家魚木忠一の《触発論》も同じ流れである。魚木はラインホルト・ゼーベルクの《類型論》を踏襲して《日本的類型》を「最も大いなる綜合である」と言い切る。

村田四郎の『ロマ書』現代新約聖書註解全書（一九三六年）は、《上なる権威》を「立て」「定」める神の主権的設定を強調する。「《神の定め》は、機能的秩序としての国家の政治的妥当性を批判的に検証する視点となっている」（三九六頁）。山谷省吾の『ロマ書』（一九四〇年）は、「『我国などでは、非常に微妙な且つ原理的にも解決の六ケ敷い問題が多くあって、此パウロの教に示された原則丈では到底解くことは出来ない。それは我国の基督教会に課せられておる最大問題の一つである』という。当時、日本の教会が、もっとも聞こうとした問は回答されないままであった」（四〇〇頁）。

〈太平洋戦争の只中で〉

松村克己の「日本基督教団成立の意義とその課題」は、教会合同が「高度国防国家建設の為めの」「新体制の一翼」を担うものであることを明確に肯定し、これは「宗教的信仰への干渉ではない」という。

「内面的信仰が外面化＝具体化されることは道徳的領域への移行であり、そこでは、もはや無制約的な自由は主張されてはならないのだから。すなわち、宗教は『その存立の根底』においては超越的絶対者に支えられているとしても、『それ自身の存在』においては、すでに国家の支配下におかれざるをえないというわけである。（中略）『教会の主張し保持すべき自由と絶対性とは神のそれであり、人はその下に服すべき責務を負ふ。若しそれ教会人が真にこの嶮しき神の現実の下に身を置くならば、今日国家権力の要求として吾々の前に立つ民族のノモスのうち、神の吾々に対する要求を感受し、懼れと慄きとを以てこれに応へるべき責務を感じないであらふか』。ここに登場する《民族のノモス》という言葉は、危機神学の戦列から離れて《ドイツ的キリスト者》に近づいていった当時のゴーガルテンの用語だった。（中略）この論理が、当時、一世を風靡していた京都学派の哲学から影響を受けていたことは否定しえないであろう。」

（四〇五〜四〇六頁）

日米開戦後、ローマ書解釈は、一九三〇年代の《消極性》に甘んずることはできなくなった。藤原藤男『ロマ書の研究』(一九四三年、八百頁)は、「『国家は民族的な血の繋りの中に発足した、極めて強固な一種の家族的集団であるが、併し家庭と異りその秩序は強力なる法律によって保たれる。法律は国家の骨格であり、統治し統治されねばならぬ国家の生命線である。法律とは究極的には国家の中の個人主義・利己主義・自由主義を殺して、個をして国家的全体主義に生かさしめんとするの命令であり、約束である』。ナチ的政治神学を思わせるこうした用語や発想には、時代の反映が認められるであろう」(四一一頁)。

「藤原によれば、国家は『創造の秩序』に属するという。先に引用した『民族的な血の繋り』と結びつけるとき、ここには、ナチ時代の《ドイツ的キリスト者》の説いた《民族のノモス》の秩序や《創造の秩序》の神学と通ずるものがあるのではなかろうか。近代日本におけるこの観念は、まさに《国体》問題として展開した。『ロマ書の研究』における藤原の論理も、その方向に傾斜していく。……藤原にとっては、『日本の皇室の如きものは、世界の何処にもない。それは創造の秩序に於ては、世界を照らす太陽の象徴である』と言い切っている。いわば日本の《国体》は、par excellence にローマ書十三章の《権威》にほかならないというのであろう。藤原によれば、アウグスティヌスもルターもカルヴァンも、さらにバルトも、『日本の皇室を知らない』ゆえに、国家と宗教の関係について、彼らを鵜呑みにしてはならない。『皇室を抜きにした西洋流の国家観は、我らには用なきものである』と断言する。彼は、みずからの立場を《桜花日本基督教》と名づけ、熱狂的な殉国の決意を表明している。

『桜花は今年散るが、又来年咲く。それは主に在る復活の徴であり、又同時に楠公の七生報国の徴でもある。桜花日本基督教は、桜花となつて力を尽して神の国に事へ、力を尽して帝の国に事へる。我らは殉教の為めに血を流す。だが同時に殉国の為めにも血を流す。日本人の耳で神の言を聞く桜花日本基督教は、桜花の如く美しく、桜花の如く悲しく、桜花の如く勇ましい。……日本にしかない皇室を、日本にしかない桜花基督教を、一宇八紘、地上、凡ての人に見せたい』。

（四一三～四一五頁）

こうした文章は、『後記』の示すように『大東亜戦争』の勝利に湧く一九四二年春の『時代の一大転換期に遭遇してゐる』という高揚感を背景にしていた。」

では、バルトやドイツ教会闘争の情報はどうであったか。松谷義範『教会と権威』（一九四二年）は「《屈折》したバルト受容の代表例」である。

「教会闘争のファンファーレを告げた有名な小冊子『今日の神学的実存』（一九三三年）の冒頭で、バルトは『あたかも何事も起こらなかつたかのやうに、神学に、ただ神学することだけに努めてゐる』と記した。それは、バルトにとって、『状況について』語るよりも、『事柄について』語ること、つまり、正しい福音宣教の使命を果たすことが、はるかに重要だったからであった。具体的に言えば、このバルトの言葉は、当時、ナチ政権の登場を《ドイツの時》の到来を啓示したものとして熱狂する《ドイツ的キリスト者》たちの過熱化した政治主義に冷水を浴びせ、彼らのナショナリズムから一線を画する姿勢を意味していた。したがって、バルト自身は、自分の立場が、ともかく一つの『教会政治的』な、間接的には、じっさい『政治的』な態度決定である。ということを明言してもいたのであった。逆に、このバルトの言葉は、当時の日本では、良心的であろうとした教会人たちにとって、時流に流されないため政治の現実から背を向けて教会の壁の中に閉じこもり、《ザツヘ》＝福音的説教に専心する態度を根拠づける論理となった。これに反して、藤原や松谷においては、バルトの姿勢を批判する形で、むしろ、当時の過熱化したナショナリズムの流れに自己を一体化することについて何のためらいも示さなかった。それは、福音の《ザツヘ》を標榜して時局便乗をためらう――《終末論的》――態度決定からすれば、一八〇度転換する《死の跳躍》を思わせる。」（四二〇～四二一頁）

『義認と法』において、「バルトは、ローマ書十三章においてキリスト者の負う国家に対する責任から、愛の要求は除かれている、という。しかし、松谷によれば、『我が祖国の歴史を省察するとき、我々は一種の誇りに満たされ感謝に満たされて、二千六百年の一貫せる国家原理と皇統連綿たる事実を中外に叫ばざるを得ない。私は信仰をもつて告白する。神は我が祖国にまことに比類なき『権威』を確立し給ふた。此の国に於ては『上なる権威』に服従することは何ら義務を意味せず、自発的なよろこばしき行為でさへある。我々は此の祖国の中にあつて血による自然的な感情からも、湧然とわきあがる権威への帰順を覚えるのである』」（四二三～四二四頁）。

松谷の大東亜戦争観に対し鈴木正久は疑義を呈している。一方、桑田秀延は「日本伝道の弁証論《日本と基督教》の問題解決への一努力」（一九四二年）において、「自由主義的な民主主義の目指してゐる所は、人間の解放、人間の権利の主張であるが、これは聖書の基督教の目指してゐる所ではない」とし、折衷や習合論的な日本的基督教ではなく、誠心誠意国体精神により、心よりこの国を愛し、この国のために憂えて福音伝道をすること訴える（四二八頁）。

小塩力は、桑田論文が掲載された『神学と教会』に、テモテへの手紙第一、二章一〜七節の講解「とりなし」を寄せ、慎重な筆で「憂国の情」をもって「アナテマの運命」をあえてすることを勧めている。福田正俊もバルトの基本線を共有し、「現代の中心的問題」（一九四二年）において、「我々は飽くまでも聖書其物から神の言を聞かうと試むべきである。さうして我々の足元の現実から神の言を聞かうとしてはならない。成程世界歴史の急激な変動は実に震撼的である。戦争も亦震撼的である。而し其処から神の言其物を聞かうとしてはならない」と述べている（四三五頁）。福田は、「『良心』という言葉の原型は『共に知る』という意味であり、言うまでもなく『キリストとともに知る』ことである」としたうえで、ローマ書一三章の教える「服従」は、「良心の自由」をもってする服従であるとしている。

社会科学者について考察すると、台北帝大教授の堀豊彦（台北大学教授）は「ナチス全体主義国家の理念とドイツ基督教会」（一九三七年）において、「全体主義国家なる観念それ自体が、既に一種の潜在的なる宗教的性格を有する」としている。関西学院大学教授大石兵太郎の『君主の神的権威』（一九四二年）は、ローマ書一三章の正当な解釈にとどまらず、天皇の絶対的権威の論証を試みている。

南原繁は、『国家と宗教　ヨーロッパ精神史の研究』（一九四二年）の最終章で、「アルフレート・ローゼンベルクの『二〇世紀の神話』について透徹した分析を詳細かつ徹底的に行なっている。その中でナチズムと闘うカール・バルトにも言及しているのは興味深い。バルトの『今日の神学的実存』（一九三三年）について、『神学の立場からではあるが、時代の勢力に抗して書かれた精神的抗議の最後の表題』として強い共感と評価とを惜しまない。それは、バルト神学のもつ政治的射程を正確に理解した、当時の日本においてはきわめて稀な政治学者の発言である。このことは、日本の良心的な神学者によっても、当時、かならずしも正当なバルト理解がなされていなかったことを思えば、まことに印象的である」（四六一～四六二頁）。

この本は、「高度の哲学的専門書とみなされたため、当時の内務省当局の検閲をかいくぐり、心ある読者の手にわたることができた。太平洋戦争末期の緊迫した状況の只中で、こうした国家至上主義にたいする鋭い批判の声がキリスト者政治学者によってあえて公にされえたことは、まことに誇りとするに足る事実と言わなければならない」（四六三頁）。

矢内原忠雄の『ロマ書講義』（一九四二年）は、当初朝鮮で講じられたものである。

「信仰によつて悪はにくみ、善はしたしみつつ権力に服従する時、始めてその服従は偽善的とならず、自由なる、義しき、良心的なる服従となるのであります。之によつて我々は一方に於いて国家の腐敗の場合之を責める預言者であると共に、他方に於いて常に国家の権力に対する良心的服従者たり得るのです。否、国家権力が神より出たものであることを知つて之を重んずればこそ、それが濫用せられる時預言者は黙さないのです。」

（四六四頁）

政池仁もこのころ、ローマ書一三章を講じて言う。

「『自国民に罪がある時』これを見過ごすことは、愛国的行為でも《上なる権威》への服従でもない。『許された言論の範囲内で充分に論つらうべきである』。ただ『国法』によって禁じられる場合『沈黙を守る』ことは当然だ、とする。しかし、強制されても権力の悪を『弁護』『是認』すること、是認したかのように振舞うのは『以つての外である』。」（四六七頁）

国家権力にたいする屈従的協力をもっともよく示すものとして、『大東亜共栄圏に在る基督教徒に送る書翰』（一九四四年）と『教団新報』の「殉国即殉教」（一九四四年）が取り上げられ、さらに一九四四年末までにでき上がっていたとされる『日本基督教団信仰問答』が分析される。

富田満と村田四郎がキリスト教信仰の《最後の一線》を守り抜いたというエピソードで知られる「信仰問答」であるが、「皇国の道に則り」、「臣道実践」のキリスト教にキリスト教の独自性は残っていないと結論される。

「北森（嘉蔵）は、第一戒は『絶対に融通不可能なもの』である、と正当に評価している。しかし、北森独特の論理的手法を用いて、《律法》としての第一戒に対立するものとして《福音》を位置づける。この福音は、第一戒を『自己の愛に中に摂取することによって』、『対立を絶しかくして絶対的とな』り、『律法が目指して而も成就し得なかった事を全く異なる途に於て成就する』と説く。こうした論理を北森は、『信仰と行為』『教会と国家』という構造関連にも当てはめうることを示唆している。この論理に従うなら、福音的信仰は、自ら否定することなく天皇制国家の現実全体を包摂しうることになるのではなかろうか。」
（四八二頁）

〈終章　反省と展望〉

戦後については「第二次大戦下における日本基督教団の責任についての告白」と、無教会における高橋三郎と溝口正の論争、佐竹明の「ローマ書十三章の問題」、種谷裁判が扱われる。「教訓と反省」として、丸山眞男が指摘する《制度の物神化》という近代の危機に対するため、神の主権を告白し、非陶酔的な政治的責任をとる生き方を現代キリスト教の課題としている。

4　宮田光雄『国家と宗教』について

日本基督教団は、「教団規則」第七条「生活綱領」において、「皇国ノ道ニ従ヒテ信仰ニ徹シ各其ノ分ヲ尽シテ皇運ヲ扶翼シ奉ルベシ」と定め、「信仰問答」案第二問において「我が教団の本領は皇国の道に則りて、基督教立教の本義に基き国民を教化し以て皇運を扶翼し奉るにある」と教えようとした。プロテスタント教会が「聖書に従い則って」と言うべきところを「皇国の道に従い則って」と言ってしまったことは致命的であった。戦後においては、この聖書の読み方を徹底的に吟味されるべきだったのであるが、罪責告白においてもこの点は弱い。本書におけるローマ書一三章の解釈史の検証の価値は、そこにある。

これが教会的に生かされないといけないのであるが、宮田の考察によれば、戦時下のローマ書一三章解釈の見るべきものは、主流の教会の中にではなく南原繁や矢内原忠雄、政池仁のように無教会と社会科学者の中にあった。教会の中で注目されているのは小塩力や福田正俊である。このことは、キリストの教会を守ることについての、日本の教会に対する本書の問いかけである。宗教改革五百年を迎える日本のプロテスタント教会は、聖書によって歴史の教会と現在の教会を検証し、今に生かさなければならない。

アルトゥジウスが主権概念を人民全体に帰属させることによって人民主権の概念を打ち立てた、と指摘されていることは貴重である。その延長線上にドイツ教会闘争を置き、現代に適用するとすれば、アルトゥジウスが重視したローマ書一三章四節の「彼（上に立てられた権威）は、あなたに益を与えるための神の僕なのである」は、主権在民の政治思想にとって重要な聖句として覚えられてしかるべきであろう。バルトは、ローマ書一三章の延長線上に《民主主義的》国家を位置づけているが、これは民族主義的な預言者として評価される矢内原忠雄を、教会の立場から批判的に再考する視点となるだろう。

5　寺尾喜七の尋問調書

宮田は、一部の教会人を除けば無教会の社会科学者を高く評価したが、ここに紹介する寺尾喜七も、制度的な教会や牧師制度を否定することにおいて無教会に類似する。しかし、彼が学問の人ではなく商人であり、高知の安芸に生きた市井の信徒であることには注目してよいと思う。

森勝四郎（一八七三～一九二〇年）は伊勢に生まれ、日本郵船で欧州航路客船事務長を務めた。英語聖書を読んで回心し、神戸入港時に最寄りの教会で洗礼を受ける。日本郵船を退社し、明治学院に入学、一年足らずでプリンストン大学神学部に留学して三年近く学び、世俗を捨て、内なる聖霊の導きのみに従う信仰に立ち、退学した。
鈴鹿山中で祈り、示されて高知県高岡（現土佐市）に赴いたのは、明治も終わりのころであった。伝道においても、神の御心のままにということで多くの信者を求めなかったが、後に妻となる矢野しかを初穂として信者が生まれ、伊野町、高知市、安芸町にも伝道が広がる。『思想研究資料』九六号の耶蘇基督之新約教会「沿革」には、「明治四十年頃予てより日本基督教の勃興し居りたる高知県安芸郡安芸町に伝道のため来たりたる早稲田大学出身桃島操及米国プリンストン大学出身森勝四郎が聖書の極端なる解説を以て布教した事に始まる。軈《やが》て、川島博耕、大谷儀造、氏原惣吉等の共鳴を得て明治四十三年頃日本基督教より離脱して別派を組織した」とある。[*3]
森は伝道に対して報酬を受けず、貧乏を極めたが、森派の信者たちは互いに持っているものを分かち合う生活をした。一九一三年三月に高岡から高知の大膳様町、さらに鷹匠町に本拠を移し、大阪、神戸、姫路、伊勢、安芸等県の内外に伝道し、各地を巡回した。森の言葉に「吾々が一番善い事をして、しかも一番悪い結果になり、其時に平安である事が、十字架の喜である」がある。[*4]
一九〇五年以来の伝道地安芸は、事実上森派の伝道の中心地で、森を同町に迎えた菅和、ここで導かれた寺尾喜七、須賀寛助、弟寛郎、並村総七などの資産家がいた。一九一八年一月の県庁への森派の講義所の信徒数届によれば、受洗者は男二十三名、女三十五名、計五十八名、求道者は数十名となっている。
伊勢の義兄森正太郎夫妻は安芸に移住し、東京に派遣された野中一魯男、名古屋の松浦栄吉、神戸の岩崎与一郎、静岡の濱川喜久馬等は、ほとんど皆安芸の出身者だった。一九二〇年、森勝四郎が四十八歳で召され、森派の弟子たちは全国各地で伝道を続けた。一九四〇年四月一日の宗教団体法の施行により、耶蘇基督之新約教結社と称する。

『思想研究資料』九六号によれば、「而して、其の後森巳之助、須賀寛助、須賀寛郎等を中心とする安芸耶蘇基督之新約教会と称する集団的組織を確立して現在に及んだ。之が頭初の教勢は前記安芸町一円に限られたるが、逐次教線を拡大して大正八年頃には野中一魯男を主班とする東京教会、昭和三、四年頃には神戸教会、昭和五年頃には静岡、高知の各教会を派生するに至った。更に其の後数年を経て名古屋、豊橋に迄支教会を保有するに至り、信徒概数二百名を算し頗る鞏固なる集団を形成した」。

一九四一年五月十五日に治安維持法が改正され、宗教結社は解散を命じられる。安息日を厳守し、妥協をゆるさない偶像礼拝拒否のゆえ、一九四一年九月十二日、警視庁、愛知・高知・静岡・兵庫等の各庁特高課により一斉検挙が行われ、愛知二名、静岡三名の追加を含め、合計四十三名が検挙された。[*5] 安芸の関係者で最後まで留置され、高知地方裁判所において神宮冒瀆罪で有罪となり、執行猶予となったのは、須賀寛助（無職）、寺尾喜七（木材商）、松浦卯太郎（米穀商）、森已之助（製材工場管理人）、川島博耕（製材職工）、並村総七（会社員）、安藤賢三である。

森勝四郎が「私は寺尾喜七君一人を導き得た事で満足である」と語ったという寺尾喜七（一八七七～一九四五年）は、高知県安芸郡に生まれ、日露戦争で左目を失明、森勝四郎により入信し、一九〇九年二月頃受洗した。

森の召天後、材木業の寺尾は、各地の「森派」を支え、材木商として信用される人で、悪をせず、争わず、人の世話をし、家業にいそしみ、税金を正しく完納して、キリストの名のゆえに迫害を受けた。「商売は正しく儲けて、神様の為に用いるものと云っていた寺尾は、自己の職業より得た金は、すべて献金と貧しい信者への援けとなり、自身は常に素寒貧の最低の生活をしていた」という。*5

寺尾喜七の尋問調書は、長男の幸雄が出征するとき、司法書士に筆写を依頼したものである。*6 一九四一年十一月二十六日と十一月三十日に高知警察署において行われた第二回と第三回の尋問調書は、一九四二年六月四日に中島英一検事から高知地方裁判所に予審請求された。以下は「帝国の統治権の総攬者《そうらんしゃ》は如何に」と問われ、ローマ書一三章に基づいて答えている部分である。

神武天皇以来歴代の天皇の統治は、神の御聖旨に反する表面上の権力的統治であって、人間（霊肉）の統治権総攬者は天皇陛下では無く最高絶対の私共の信ずる「イエス」の神であります。ロマ書第十三章一節以下に「凡ての人上にある権威に従うべし、そは神によらぬ権威なく、あらゆる権威は、神によりて立てらる。此の故に権威に逆らう者は、神の定めに悖《もと》るなり」と。又録して「汝等主の為に凡て人の立てたる制度に従え。或は上にある王、或は悪を行う者を罰し、善を行う者を賞せん為に王より遣わされたる司に従へ云々」とある如く、私共は神の命に絶対に服従する為に、天皇の権力的命令並びに国家の制度に従う事を原則と致して居るのであります。従って我が日本国民の精神を統治する事は、天皇陛下の統治外であります。肉体は霊の支配を受けて居る関係上、国民の意思と其の魂が支配する肉体的活動とは切り離す事が出来ないのであって、信仰の根本問題である神を信仰するに付いて、矛盾をきたす様な場合は、譬えそれが天皇の権力的統治部面に属する肉体的活動の事であっても、それに服する事は聖徒として実行の出来ない事柄であります。天皇の統治は精神上の問題を除外しての事でありますと共に、権力的統治と云えども神に従う為に服従するのでありますので、神の御聖旨に反して迄も之に服従する事は出来ないのであります。天皇及びその政府が権力的命令で以って、私共の信仰を阻止する様な場合があっても、斯様な命令に服従する訳にはゆきません。その時その場合は、「イエス・キリスト」の十字架を信じて、悪魔の誘惑による権力的迫害の前に肉体を殺して霊に生きる決心であります。我が皇位が万世一系である事に付いては、私共聖書による者には、別に関心を持って居りません。此の皇位国体に付いての将来は支配される（三字空白）我々人間の知る事の出来ない事柄であります。形あるものは滅す、とは万古の誓理であります。二度ある事は、三度あると云ひ伝えて居ります。悪魔の誘惑による罪に対し、神の御手は先に「ソドム」「ゴモラ」に現し、ノアの事件を通じて、神の御旨を下する事が出来ます。神の怒りの御手が下さるゝ時、人間は申すに及ばず国体も制度も、人なる天皇も、他のすべてのものと共に撃滅され、その霊は神に於いて義とせられざる限り、未信者及び悪魔の霊と同様、永遠の苦しみを受け、天国へ行く事は出来ないと信じて居ります。

嫌疑を晴らすために詭弁を用いようという気配のない、実に率直なローマ書一三章に基づく信仰の告白である。また、「天皇は神聖なりや」と問われ、次のように答えている。

我が日本では、天皇を現人神《あらひとかみ》として神格化し神聖であるとして居りますが、真実の所天皇陛下は人間であります。人を神聖なる神として尊敬する訳にはゆかないのであります。私共信者も日本国民として、天皇陛下の統治の許で生命財産の保護を受けて居る者として敬意を表して居ります。それかと云って、人間「エバ」の子孫である天皇を唯一絶対の神と同じく、神聖にして他の何物にも侵されない至上の方であると神格化する訳には、断じてゆかないのであります。それは再三申し上げた通り、神の支配は絶対的であり、天皇の支配は第二義的であると、確信するからであります。

寺尾はキリスト教信仰に基づき、あたり前のことをあたり前のように答えている。彼らはそもそもこの世の評価を期待していなかっただけでなく、これを否定していた。また、他の教会から分かれて独自の群れを形成していたことも、このような答えができた理由と考えられる。それは常時の教会のあり方としてはいささか問題がある。しかし、戦時の非常時局下において、一般の教会が皇国の道に従うことで臣民としての「証し」を立てようとしたのとは好対照な信仰の証しとなっている。

寺尾は一九四二年十二月二十五日、神宮冒瀆罪で懲役二年、執行猶予五年の有罪判決を受けた。出獄後は自室で聖書、讃美歌、祈りだけの生活を送り、一九四五年九月二十四日に召天した。

6 おわりに

宮田光雄『国家と宗教 ローマ書十三章解釈史＝影響史の研究』を概観して思うことは、聖書解釈とその実践の困難さである。神への奉仕として政治的権威に従う時と、神への奉仕として政治的権威に抵抗する時を見分けることは難しいことであるが、一人の信徒にもなし得ることであることを耶蘇基督之新約教会の例は教えてくれた。

注

1　信州夏期宣教講座編『「日本的キリスト教」を超えて』山口陽一「『日本的キリスト教』の考察」いのちのことば社、二〇一六年
2　南原繁『国家と宗教』序、岩波書店、一九四二年
3　『思想研究資料』特集第九六号、一九四三年八月、司法省刑事局
4　長崎太郎『宣教者森勝四郎先生とその書簡』一九六一年、私家版、五一頁。森派の概要は、同志社大学人文科学研究所編『戦時下抵抗の研究』笠原芳光「キリスト者・自由主義者の場合」みすず書房、一九六九年
5　土佐クリスチャン群像刊行会『土佐クリスチャン群像』一九七九年、一〇一頁
6　岩崎誠哉『寺尾喜七の尋問調書』二〇一六年一月七日、私家版。ここでの引用は、その原本とされた岩崎氏の夫人による手書きの「写」より収録された。

ローマ人への手紙一三章の釈義、並びにこれをめぐる考察

登家勝也

I　ローマ人への手紙一二章と一三章の一体性

ローマ人への手紙一章五節が福音の説き明かしの目標として掲げたものは従順、あるいは奉献にいたる従順であった（Iコリント六・一一、一九、二〇参照）。そして、六、八章ではわれらの新生、従順はキリストの死と復活と一体化されたわれらの存在である。つまり、「もし肉に従って生きるなら、あなたがたは死ぬ外はないからである。しかし、霊によってからだの働きを殺すなら、あなたがたは生きるであろう」（ローマ八・一三）。これは創世記二章一六、一七節の成就である。そこでは、「善悪を知ることの樹から取って食べてはならない。あなたがたがそれから取って食べる日にあなたは死を死ぬ」（一七節、傍点筆者）と記されている。不従順は死であり、死ぬことである。なお命にとどまっても、それは死であるというのである。逆に従順は生であり、生を生きること、つまりそれは不従順とはまったく別の終末的実存であるという（ローマ六・一〜一〇参照）。キリストにおけるわれらの存在は、キリストとともに肉と死から切断されているのである。神の福音（同一・一）というものの内容である。

　こうして世とわれらの基礎的な関係は断絶であることになる。神に捧げられ、喜び受け入れられた生きた奉献物だからである（同一二・一、二）。しかしそれは一切の主体的行動のない、死の状態ではない。むしろ「御言葉による礼拝」の主体である（同一節）。ここでは精神と身体の分離はなく、区別より一体性が勝る。世との断絶はキリストにあり、神に捧げられたものとして決定的である。しかし、世と「同型」ではなく、つまり同じ在り方をもはやしないのだが、神の意思を問い、その実践を追求する主体である。

　それは言葉的に、つまり理性的に行動し、その論理（アナロギア）をもつ。御言葉により、聖霊の賜った信仰の理性と論理である。それは「断絶」においてこそ、己を変えることなく世の現実に働きかける（一二・三～八）。尺度もあり行動もある。判断があり秩序がある（Ⅰコリント一四・二九～三三）。それほどであるから世との断絶を知りつつ、世との関わりを、わきまえをもってなし得る。あえてする。教会の秩序が根底にあるのである。愛し、慈善に励むことをわきまえている。それへと神から召され遣わされているからである（ローマ一二・八、一五、一六）。種々変転する状況に処して良い道を見いだす。対立を恐れないが、報復はしない。報復は審判であるから主に任せまつる（ローマ一二・一九、申命三二・三五、箴言二五・二一、二二）。まさに、ここに他者との関係の教えがあり、愛と公正は奉献された身の、主への従順の隣人への適用である。

　こうして従順によってまったく神に所属するゆえに、世と世の要求に対して絶縁したままに、市民として市民との関係をもち得るように備えられ、遣わされるのであるから、こういう人間として、主の僕として、キリスト者の任務を負って、国家とその機関ともよく関わる。すべての人に対して特権的に振る舞う「権威」と関わって、「支える」ことをも責任として負う（ローマ一三・一）。そもそもローマ人への手紙一三章自体、わきまえある使徒がローマ教会内の立場の違いを調停している弁別の言葉であり、コリント人への第二の手紙九章での自由なる強き人として、コリント教会での「強い人」と「弱い人」の間を調停しているのと同じ大胆な判別者の言葉なのである。

そもそも神が世界を支配しておられ、これは動かぬ事実であるから、神が国家権力の類を用いたもうかぎり、これが暴力装置を備えていても、それが神の許したもう範囲で悪と混乱を抑止している事実を認めるのである。その欠陥は神が裁きたもうのである。旧約聖書以来、王たちは、初めから主の審判のもとにあり、預言者たちは神の審判また判断を王たちに伝えるため、したがって忠告のためにも遣わされている。使徒も同じ使命を帯びており、まず教会に判断の手紙を送ることで、権力以上のこの使命に教会をあずからせているのである。

終末的要因も欠けていない（ローマ一三・一一～一四）。イエス・キリストの到来と再来は一体であり、使徒の奨励はこのキリストの御業が内容である。キリストは罪の世と教会に対して和解の主であられ、聖霊による根本変革の主であられ、御自身の御業の完成の主であられる。この主の確実な近づきを前方に見つつ、世と不同型の生に召された教会として、この方の来臨にふさわしい生を進歩させるのである。また、世と権力が旧態依然であるままに、福音の告知によって新しさへと呼びかけられる人間たちを包含しているための、その未来に賭けてあえて関わるのである。「すべての異邦人を信仰の従順に引き入れる幸い（恵み）と使徒としての使命」（同一・五）から、権力者にも関わるのである。

Ⅱ　ローマ人への手紙一三章一節以下の釈義

まず一二章と一三章の分離あるいは一三章一〜七節、もしくは一〇節の括弧入れ、つまり傍論扱いではなく、本文としてのありのままの一体性からの要求に従って、これを新約聖書証言一般の相互連関の中で理解することとする。つまり、王キリストに対して権力が何者であるかを見る。その典型例として、マグニフィカトとザカリヤの讃歌をまず見る。ルカ一章五三節では、神は世の貴族王侯をその特権の座から投げ出す。反対に見下げられてきた平民たちを高く挙げる。世界は徒らに宿命の衝動に任されてはいない。世の傲れる者らは自己讃美にふけるが、われらは決してこの者らの意のままに運び去られてゆく者ではなく、これに抵抗すべきである。つまり、当然に空しい肉の欲望のとりこであってはならないのである。

ルカ一章七四節では、われらの血を以て買いとられた神の子らは、この愛がすべての人に対して現わされたことを告白する。「すべての人を救う神の恵みが現れた。……われらの救い主なる神の慈しみと人間愛とが現われた」（テトス二・一一、三・四）。神にこそ自身を奉献せよ。「われらは、彼の死の中に沈められ、彼と共に葬られた。それは、キリストが父の栄光によって死者たちの中から甦らされたのとまさに同じく、われらも、新しい命に生きるために……あなたたちの身を、神が受け入れてくださる、生きた聖なる捧げ物とし、理性的礼拝を捧げよ」（ローマ六・四、一二・一、私訳）。

以上は何と、恐るべきローマ一三章解釈をわれらに残したカルヴァンに沿って述べたものである。

このカルヴァンは、詩篇八二篇一、二節の講解でもこう語る。「君主らの放埒は彼らをこの上なく恐ろしい暴君にしており、その統治は瀆神の冒瀆とすべきである。自らを法とし、その偉大さにやすらおうとする。しかしわれらは至高権者への服従に召されているのである」。

皇帝アウグストを始めシリア総督クィリニウスらはヨセフとマリアに命令して資産登録のためベツレヘムへと旅をさせる。しかしそのベツレヘムで彼らと羊飼たちに至高権者は自分を現わしたもうた（ルカ二・一～一四）。これは世の権力に対する主の民、教会の位置を示している。権力は命令し従わせる。しかし教会は飽くまでも権力らの上にいます至高権者への服従に召されているのである。

ローマ人への手紙一三章一節は、「すべての霊」に呼びかける。これは不思議な呼びかけである。「すべて」であるから複数の人たちであろうが、「霊」は単数である。ローマ教会はユダヤ人キリスト者と異邦人キリスト者で構成されていて、ローマ帝国とその権威に対して、それぞれやや異なる態度をとる。当然のように服従する傾向と批判的な傾向である。前者は異邦人出身者、後者はユダヤ人キリスト者である。しかし、使徒の目には一つのキリスト教会である。ユダヤ人として彼は服従を説き、異邦人の使徒として教会とキリスト者の預言者的伝統を明らかにする。この交錯的存在を教会にも伝え、教会を一つに連結している。

エクスーシアイス・ヒペレクーサイスは、配置され、特権的地位にある者らであり、権力また権威である。しかし普通「権威」と翻訳されているエクスーシアは、むしろ配置された地位であり、「上に立つ」と翻訳された語は、「任につけられた」という受動的存在を言っている。彼らを配置し、任じた上位の主権者があるのである。これが教会のかしらイエス・キリストにある神であられる。この本文のカルヴァンの解釈は恐るべきものであるが、他の聖書章句の解釈に見られるように、彼には絶対的留保があり、権力は権威ではあっても至高権者ではなく、この方こそが彼らをその地位に配置なさっているのである。そして、教会はまずこの至高権者をかしらとし、この方に帰属し、からだとしてこの方への服従に絶対的に召されているのである。権威たちは万物とともに神の下にあり、その地位も神によるのである。

ここから「従う」も本来の意味の「下支えする」となる。これは妻が夫を支えるというのと同じ言葉である（エペソ五・二二）。もともと教会はこの奨めを国家権力に先立って主の使徒から受け取っている。このこととあわせて教会の預言者的伝統と使命が浮かび上がる。この使命のもとで教会は権威と対峙している。対峙しているが、これは至高権者に直属しているため国家権威から本来独立しているのである。しかし遣わされ、命じられ、至高権者の秩序に仕える存在として権威を下支えすることは、権威の法に従うこととともなるのである。

二節はこの事柄からの当然の帰結を述べる（ホーステ）。眼前に示されている秩序は国家秩序ではなく、神の制定の行為である（ディアタゲー）。背反は神のこの行為への反抗であるから、これへの報いは神の裁きである。教会にとってこれは至高権者キリストへの反逆であるから、最初からあり得ない。この至高権の主とその行為に逆らうことなしに、国家権威への反抗はあり得ない。教会はこの至高権の主への服従を生命とし、存在理由としている。この秩序のためにこそ権威者への服従が命じられている。

三、四節でもこの命令を受けているのは、遣わされている使命ある教会である。私的市民ではない。とすると、権威つまり統治権者（アルコンテス）が善悪をわきまえていて、善には賞讃を報いるのではない。

使徒行伝一六章二二、二三、三七節、コリント人への第二の手紙一一章二五節以下の経験は、善悪をろくにわきまえない統治者の仕打ちであり、それへの使徒側のたしなめである。いったい教会にとって善とは神の御意思であり、神の国（支配）であり、福音とその説き明かしである。「善」が賞讃されるのは神によってであり、結局、下位の権威たる官憲は、「善」に道をゆずることになるという。福音を説き、偶像礼拝（悪）を克服するうえで何の恐怖があろう。ただ権威を徒らに恐れる教会は、恐怖で満たされるであろう。教会が忠実な神の仕え人であるなら、権威者の強制力、威嚇、執行権は、教会の「善」を妨げる不法行為に対して有効であり、教会とともに神の僕（ディアコノス）であるであろう。ここに注意しなければならないのは、僕がディアコノス、つまり単数であって、神の僕らではないことである。僕らとなると、権威者とその下僚たち一般となり理論化されてしまう。問題は権威者の個々の行為であって、その時その権威者の行為が、さすが神の僕のものであるということである。これも使徒らの不屈の誠意ある努力によってかちとられたのであり、自動装置の作用ではない。神が用いたもうのであり、神はこの権威らの権力の自動的発動を無際限に許し、この者らの行為に事後的に同調したもうほかないという境遇におありになるのではない。神は預言者と使徒を通してこの自動化し（神秩序からの）抽象に陥っている権力と市民社会を繰り返し御自身の秩序へと引き戻していたもう。

五～七節。「だから」（ディオ）は全くこのとおりだからということである。以上、前節までと内容は同じなのである。経験とそれからの知識に訴えている応用的な指摘であり、いわば良識に静かに訴えているのである。ただ「良心」のための条《くだ》りは、良心という観念の曖昧さのために混乱を来たしていると思われる。これはシュネイデーシスであった。知識、ただし経験と精神の参与の加わった知識である。ペテロの

第一の手紙二章一九節「もし神の知識によって耐えるなら」、つまり神がいますこと、その報いと義を知っていて、この世の不合理、理不尽だけを知っているのでなければ神がお喜びになる、というのである。権威の権力であることの知見であるなら、強制と暴力におびえて奴隷的服従に陥るであろう。しかし、それ以上に神の至高権とこれに対する直接、絶対の服従の命令を知っている以上、理解のみではなくキリストのからだとしての教会の使命の事柄として従うことができるのである。それ以外はこの箇所はローマの教会員がもう知っており、わきまえており、日々行っている適切な生活の在りようを指さして語るという、平静に納得を得ようとする文であろう。七節はすべて彼らが認識し了していることに訴えるだけであって、新しく教示しているわけではない。例えば、敬意を表すべき相手を人びとはすぐにそう認めて然るべく待遇しているのである。

八～一〇節によれば、一～七節での教会、キリスト者たちの政治的責任の行動は、愛の戒めの最小部分をもなしていない。愛の積極性に対してむしろ消極的である。といってゆるがせにしてはならない。ただ愛の至上命令下という居場所と切り離すことなく統合された一局面として、対（国家）権威の領域を本質的に愛の命じられる領域内に引き入れたのである。というのは、「互いに愛し合え」の命令はすべての人を包むのであり、どんな隣人も神がお与えになった隣人だからである。しかし、この隣人を愛することは「律法を全うする」という。これは、教会はトーラー（教え）を神から与えられ、この聖なる絶対権者との直接、第一の関係にあることを思い起こさせている。したがって権威とのわたり合いも、この居場所での務めであり、他者、疎遠な人たちから強要されるはずのものではないのである。権威との接触で言えば、強いられる以前に、主から教えられ（トーラー）、みずから引き受けた負い目（オペイレーマ）の一つなのである。これは国家から教えられるものではなく、主にあって教会が国家に教えるものである。国家は教会を包摂してはいない。

Ⅲ　考　察

1　聖書釈義とは

いったい聖書釈義とは何なのかを改めて考えさせられる。ローマ人への手紙一二章と一三章の一体性はなお論じられてよいであろうが、長くとれば一二章一節から一三章一〇節、短くとっても一二章二一節から一三章一〇節は「愛に偽りがあってはならない」という不同型の、つまり終末性の課題のもとにまとめることができる。しかし、大方の権威ある理解は、一三章一節から七節を「不連続」、「挿入」、「文体差」などの理由をあげて、分離扱いする。その主な動機は論理的、文体的相互関連の重視と見られる。しかし、使徒の書簡は教会の生命に根ざしている。ローマ教会内のユダヤ人キリスト者と異邦人キリスト者の態度の差は調停されるべきであり、使徒がこの箇所でその機会を捉えても不思議ではない。この二つのグループ間の関係も、世の人びとの関係も終末的愛の命令と無縁ではないはずである。論理的なつながりだけを追求して、このような生における偶有的要素を排除する理由があろうはずがない。しかし、注解の著者たちはそのような論理主義を押しとおす。ここにはどう考えても、西欧の教会・国家関係の伝統に禍《わざわ》いされている結果を見るほかはない。それとどの人も「パーサ・プシケー」を「すべての人」としてしまって、あえて解釈の労をとろうとしない奇現象も、注解の努力を避けさせるかの地の傾向の作用を考えなければならないものではなかろうか。

では、それは何か。

2 神支配の秩序

アングロ・サクソン系の場合、そのプラグマティクな経験主義は、本来的法権と区別された任命された法権として世俗権力を把握させない。本来的法権という経験的世界現象を超えた権能を認識するまいとするのであろう。そこで世俗権威の強制力のある圧倒的支配体制と、その「内部」の教会との関係を固定的、排他的に考察の対象としてしまう。

そこでヒペレフーサイスをいきおい「上に立てられた（権威）」としてしまう。こういう習慣的思考から離れて理解すれば、これは要するに「立てられた、配置された」地位なのである。エクスーシアも権威であるよりも任命され、配置された要員という意味合いのものである。ピリピ人への手紙二章三節もヒペレホンタスは自分たちにとって然るべく尊重すべき存在であり、そもそも相互関係に立っている者同士なのである。つまり、神支配が現実性をもって捉えられていないため（プラグマティズムの宿命）、神支配の秩序から抽象された制度が見られ、そこでの経験的権力関係がもっぱら考察の対象となるのであろう。そこでは国家がすべてを、したがって教会を包摂する。このような視界の中でクルマンの説などが部分的に採用されたりする。つまり、権威とは天使力であり、これが国家権力の背後にある。ローマ人への手紙一三章はこの天使力の不可抗性を背に負った権力に従えと説いているというのである。これでは神をさておいて天使勢力に従えということになる。それは目的を見失った奇論にすぎない。しかし、神は創造主であり、御子において、その救済行為において支配者である。これが、福音が提示する秩序（タクシス）である。世俗の権威もこの秩序の外にはなく、その秩序に属する。そこでカルヴァンの絶対的保留が見えてくる。教会のかしら（キリスト）に至高権があり、諸権威はその下位にあり、その下にあり、それによる配置をこうむったかぎりの公権でしかない。

欧州圏でも影響力のある説は、神の摂理を前提し、これの遂行のために権力が用いられるという、どちらかというと自然神学的な副原理を聖書釈義に持ち込む方法によっている。権力は神の憐れみの特殊道具であり、摂理にとって、つまり愛と秩序にとって、その強制力は積極的価値があるのである。摂理であり、したがって憐れみも愛も社会的倫理的価値で測られているので、ローマ人への手紙一三章一～七節注解もむしろ聖書釈義とは遊離した社会理論の趣を示す（特にF・J・レーナール。その本邦での影響力の大きさのため特記する）。

3　ルカによる権力構成の提示

ルカによる福音書二章一、二節は単なる時代背景ではない。このうちのヘロデ・アンティパスと洗礼者ヨハネの葛藤、ヨハネの死（一八～二〇節）、つまり、この後一年前後でヨハネは殺されるのだが、この間の動態を示している。

権威、権力の神の統治秩序からの「抽象化（脱離）」ということなしに預言者は彼らの前に出ることはない（詩篇一四一・五d「わたしの祈りはいつも悪い者たちのために生じるのです」）。この預言者の働きなしには権力は至高権者、神との、またその統治秩序との関わりを知ることはない。ダビデ対ナタン（サムエル下一二・一～一五)、アハブ対エリヤ(列王上二一・一七～二二、一七・一)、ユダ、イスラエルの体制派対モレシテ人ミカ(ミカ一・一～九、七・八～一〇)、特にミカ書七章九節bを見よ、「わたしは主の憤りを担わねばならない」! 主の、主の体なる教会のキリスト者たちは、不義と死に対して勝ち誇るよりは「主の憤りを担う」のである。主イエスの戦いそのものがこういうものであった。

「抽象化」の歴史的諸相は、政治的責任へのキリスト者たちの呼び出しの歴史であった。ドイツ教会闘争時の告白教会の決断は、今日の教会が世に対する自己の態勢を検討する際に応答を迫ってやまない。これは神学の中心からの政治的決断であった。教会自身がその存在と行動によってすでに一箇の政治的要因であって、諸民族、国家、社会の栄光と罪責、成功と失敗、勝利と破滅を自己の課題としているのである。教会はしばしば歴史や政治発展についてゆく。古来の民族的・国民的動機との対面を回避する。この態度は決して個人的なものではなく、本来の教会的なものでもない。そこに何らかの「強制」、やむなくさせるものとなっていて、半ば公的な「制裁」にさえなっていて、決断を放棄させる有害な思想行為、静的体制という有害物である。いわば事実上の権力との共謀行動であり、会議を通じて半ば法的拘束として個教会、個人にのしかかる。つまり、賛同者と反対者を撰《え》り分けてゆく。

これが、かつては治安維持法制定時(一九二五年)に国家が目指したものとのつながりで何であったろうか。社会組織すべての国家への画一的同質化、社会全般への国家の全面的侵入、国家による社会規制は今も画策され、一つ一つ実現している。二〇一五年九月一九日を思え。足尾銅山事件当時の田中正造の決断は教会にとって何であったかは、今なお問い続けられなければならない。

イェリネックを待つまでもなく、ルターの限界は明らかで、教皇制には抗議し離脱しながら、庇護者である領主、王たちに抵抗することはなかった。教会はなお臣下たちであったのである。その遺産はランス・キルへ（領邦教会）である。当然、至高権者キリストとの教会の直接関係は、彼の遣わした教会ではあまり意識されない。

ピューリタンズは大運動を記したが、説教運動に転じ、エリザベス一世治下の王権に関わる抵抗であることはやめてしまう。いわゆる信仰問題に集中したのである。しかし、神服従は人間支配者たちへの義務以前にあるものである。真正な自由は真正な服従から出る。当然に従うべき至高権者への従順なしには、従ってはならぬ権威に屈従するほかはない。

この国の皇室祭祀はまさに宗教だが、宗教の元来の政治性をことさらに度外視して、天皇の私的（?）宗教として、そのうえで国家的儀礼として温存させた占領軍と保守政権の過誤は拭いがたい。明治国家を今日にまで存続させた。小賢しい占領政策上の「措置」はあまりに大きな禍根を残し、除去の対象として眼前にあり続けているのではないか。このように権威のもとでの情勢そのものは、預言者の派遣なしには決して神支配の秩序と関わりはしない。アリストテレスの見るとおり、政治学の始まりはもっぱら人間とその諸徳の検討であり、その始まりは視る者とその対象とを、あくまで人間の現象に限ってしまう。神統治の秩序との関わりこそが情勢の真相であるものを、これは意識されず、粗暴、無知の反応以外を示すことがない。つまり、預言者が神の言葉を語るまではこれで終始する。カルヴァンの言うとおりである。

こうして見ると、一般的に伝統的ローマ人への手紙一三章解釈は順序を取り違えている。神と国家権威とが「癒着」していて、権威が暴走して神の審判をこうむる場合もやはり癒着していて、第三者として教会がこれへの態度を問われる。当然、いわゆる服従が無傷の課題として突きつけられる。これがまさに粗暴、無知の「反応」だが、したがって教会の預言者的使命が、とにもかくにも保留に付されたまま、時にやむなく批判的、抵抗に類する言動が兆すなら、例外として賛否の判断に任される。これこそ国権神授説の伝統である。

しかし、繰り返し言明しよう。ローマ人への手紙一三章では、使徒の手紙、つまり啓示の教えが、ほかならぬ教会に与えられ、あらかじめ預言者として遣わされている教会の証言として、世俗的権威に対して提示されようとしているのである。あのナボテの果樹園へと宮殿を出たアハブを、あらかじめその道に立っていたエリヤが、犯罪の現場をおさえたとばかりに糾弾したのと同様にである。

注解書

J. Calvin, *Commentaires Jean Calvin sur le Nouveau Testament*, Epitre aux Rornains, Labor et Fides, 1960.

C. E. B. Cramfield, *Romans, a short commentary*, Eerdmans: Abridged edition, 1985.

F. J. Leenhardt, *L'Epitre de saint Paul aux Romains*, Delachaux et Niestl, 1985.

O. Michel, *Der Brief an die Romer 13*, Vandenhoeck & Ruprecht, 1963.

H. N. Ridderbos, *Aan de Romeinen*, CNT, Kampen, 1959.

Wilckens, U., *Der Brief an die Römer*, Benziger, Neukirchen, 1982.
H・バールリンク『ローマ人への手紙Ⅱ』登家勝也訳、教文館、二〇〇〇年
E. de Vries, *1 en 2 Petrus – Judas*, KOK, 1959.
H. Barlink, *Leeswijzer bij Romeinen*, KOK, 1982.
VAN DER WOUDE, A. S. *Profeet en establishment*, Een verklaring van het boek Micha, KOK, 1985.

参考文献

森平太『服従と抵抗への道――ボンヘッファーの生涯』新教出版社、一九四六年
ハーメル、バルト『共産主義世界における福音の宣教』児島洋訳、新教出版社、一九六三年
H・ロマドカ『無神論者のための福音』山本和訳、新教出版社、一九六四年
森島豊『人権思想とキリスト教――日本の教会の使命と課題』教文館、二〇一六年
H・ケルゼン『法と国家』鵜飼信成訳、東京大学出版会、一九六九年
大庭健『民を殺す国・日本――足尾鉱毒事件からフクシマへ』筑摩書房、二〇一五年
安田浩『近代天皇制国家の歴史的位置――普遍性と特殊性を読みとく視座』大月書店、二〇一一年
徳永俊明『国家とわれわれ――いま、抵抗のとき』合同フォレスト、二〇一三年
西川長夫、番匠健一、大野光明編著『戦後史再考――「歴史の裂け目」をとらえる』平凡社、二〇一四年
D・ボンヘッファー『現代キリスト教倫理』森野善右衛門訳、新教出版社、一九六二年
宮田光雄『政治と宗教倫理――現代プロテスタンティズム研究』岩波書店、一九七五年

小路田泰道『国家の語り方——歴史学からの憲法解釈』勁草書房、二〇〇六年
O・クルマン『キリストと時——原始キリスト教の時間観及び歴史観』前田護郎訳、岩波書店、一九五四年
G. Beyerhaus, *Studien zur Staatsanschauung Calvins: mit besonderer Berücksichtigung seines Souveränitätsbegriffs*, Neudruck der Ausgabe Berlin, 1973.
D・ナウタ『カルヴァンと政治』(抄訳)、登家勝也訳、日本キリスト教会靖国神社問題特別委員会、一九八五年
渡辺信夫『カルヴァンの教会論』一麦出版社、二〇〇九年

ボンヘッファーの抵抗権思想

野寺博文

ナチスの暴政に抵抗したボンヘッファーは、戦時下、実際に抵抗した牧師の模範のように語り継がれてきた。私の専門は韓国教会史だが、戦時下の神社参拝強制に対する抵抗がドイツの闘いとよく比較される。もっとも、その取り上げ方も大きく分けて二通りで、一つは、神社参拝強制への抵抗がボンヘッファーらの戦いと同じと見る者もいれば、正反対と見る者もいる。

前者の代表は、金英才《キムヨンジェ》、李象奎《イサンギュ》である。金英才は、「朱基徹とボンヘッファーがたとえ年代的には同世代に生きていたとしても、思想的な伝統や社会環境を見ると全く違う世代に生きていた」と指摘しながらも、両者には共通するものもあり、民族対立を超えた、国家に対する教会の抵抗権行使であると言う。「神社参拝反対者たちは神社参拝が国民儀礼だという政府の説明を排撃して信仰を固守したという意味で、〝教会の政治からの独立（libertas ecclesiae）〟を主張する改革主義の原理に従った。それで、彼らは日本政府の宗教に対する干渉と施策に反対し、また、それを断罪できたのである。……例えば祖国の政府が日本の政府のように信仰の自由を抑圧したとするならば、神社参拝反対者たちは祖国の政府に対しても同じように抵抗したであろうことは明らかな事実である。」

後者の代表は、尹聖範《ユンソンボム》、金在俊《キムジェジュン》とその弟子の鄭《ジョン》賀恩《ガウン》で、彼らはボンヘッファーを二〇世紀の真の殉教者と賛美する。その一方で、「朱基徹牧師の死は……ボンヘッファーのようにその社会に対する教会の使命と責任において獄死したと見なすことはできない」として、朱基徹牧師ら抵抗者たちを「韓国教会の代表的な戒律主義者たち、独善主義者、典型的なパリサイ人」と非難する。彼らの受難と死は「彼らの無知のため」で、「根本主義者達の最後の悪あがきの悲鳴」、「根本主義神学による思想の凍結」、「自分自身に対する虐待」ないしは「教理による自己疎外」の犠牲だとして、「朱基徹牧師は一つのあわれな保守主義信仰人の凄惨な末路に過ぎない」と言う。

このように取り上げられ方が両極端のボンヘッファーだが、ここではその抵抗権思想について今日の私たちが学ぶべきだと思う四つの点、i信仰告白、iiユダヤ人問題、iii二王国論の克服、iv非常時における抵抗に絞って考えてみたい。

i 信仰告白について

神のことばが純粋に語られ、聴聞されるところが教会であるが、ボンヘッファーによると、その「神のことばに対する真実な応答」が信仰告白である。

ボンヘッファーは、信仰告白が次のように「直接的な現在の事柄（Sache unmittelbarer Gegenwart）」と考える。「信仰告白とは、われわれが真実に、現在、神の前に立つという事柄である。だから、単に伝統を保持するだけでは、決定的な役割を果たすことができない。」今現在置かれている時代状況の中で、神の前に立ち、神のことばに真実に応える、これがボンヘッファーの考える信仰告白となる。要するに「今」が肝心なのだ。このため、「使徒信条は、信仰告白としては充分ではない」。それぞれの時代に常に新たに生み出されるので、いつまでも古い信仰告白にしがみついて満足しているわけにはいかない。プロテスタントの信仰告白は、初代教会やカトリックの告白とは異なる。「われわれはもはや原始キリスト教会ではありえないし……いずれにしても使徒信条は、福音主義の信仰告白には適合しない。」

この「信仰告白（Bekenntnis）」は「信条主義（Bekennertum）」と区別される。「信条主義」は、自己の信仰告白を、敵と味方、正統と異端を分けるための標識とすることであって、これは信仰告白の誤用だと言う。信仰告白はただ神になすべき教会の「秘儀（Arcanum）」で、「友人の間で認識するための言葉であって、敵に対して向けられるものではない」。信仰告白は、「声高に宣伝がましく叫び立てる」べきものではなく、「教会にとっての最も聖なる宝として、引き続き大切に保持されなければならない」ものと言う。

一方、「世界に対するキリスト教会の第一の信仰告白は、行為」である。キリスト者の「行い」を通して世の人が神の栄光を見て神を信じるようになれば、「そこで世界もまた言葉の告白を欲するだろう」と言う。

このような「信仰告白」は、実際にどのように生かされたのか。ボンヘッファーは告白教会をこう定義する。「告白教会は、……全く排他的に、ただ信仰告白によってのみ規定される教会であることを目ざす。……福音宣教の問題から教会税の問題に至るまで、信仰告白が、そしてただそれのみが、教会を規定しなければならないこと、また、そこには信仰告白から自由な、中立的な領域というのは存在しないこと……などを学んだのである。……したがって告白教会は、すべての政治的、社会的、人間中心的な空気がはいって来ないように、自らを厳密に密封する。信仰告白が、告白教会の全領域を満たすのである。」

神の真実なことばに対する真実な応答として信仰告白をするのだが、信仰の告白に生きる、全く排他的に信仰の告白によってのみ規定され、信仰告白が教会の全領域を満たす、それが告白教会だと言うのだ。具体的には、バルメン告白会議とダーレム告白会議で出された告白に「拘束される」。これらの告白に「中立の立場というのは不可能」となる。

「イエス・キリストは、われわれが聞くべき、またわれわれが生と死において信頼し服従すべき神の唯一のみことばである」とのバルメン宣言を自分たちの「信仰告白」とした背景には、ナチスの台頭という差し迫った時代状況があった。

「告白教会は、もっとも具体的に（in concretissimo）ドイツ・キリスト者の教会に反対し、新しい、異教的な、被造物の神化の試みに反対して信仰告白をするのである。告白教会にとって、反キリストは、ローマやジュネーヴにいるのではなく、ベルリンの帝国教会の支配機構の中にいるのである。この反キリストに抗して、告白教会は信仰告白をするのである。……なぜなら、ドイツのキリスト教会は、死の力におびやかされているからであり、ここで、われわれを滅ぼそうとする力が働いているからである。神なき者に抗する讃美歌の歌声が、神ご自身がその敵に抗して戦いを導き給うようにという祈りが、ここで生きたものとなる。われわれの武器は、ただ生きた信仰告白のみである。」

この「生きた信仰告白」をボンヘッファーはこう解説する。「生きた信仰告白とは、一つのテーゼに対して他の教義学的なテーゼを立てることではなく、そこで生と死が全く現実的に問題となるような告白のことである。」「生きるにしても死ぬにしてもイエスこそわれわれが聞いて従うべき神の唯一のみことば」との自分たちの信仰告白がまさに試される時代状況で、死をも覚悟して告白する、これこそが「生きた信仰告白」だと言うのである。

ii 二王国論の克服

ボンヘッファーの教会と国家観は、基本的にルターの二王国論を土台としている。それは、神がこの世にみことばの支配と剣の支配という二つの王国を置き、両者の支配は混同されず、さりとて分離できない、というものである。神のことばと剣の二つの王国は、両方ともキリストが支配する。

剣の支配が対象とするのは、主として「人を愛する」戒めに属する十戒の第二の板に関わることである。これを政治的権威は教会の説教から知るのだが、神を信じぬ異教徒の為政者にも当てはまる。なぜなら、その際、為政者は自然法に照らして「生命を守り尊重するという委託」を受けていることになるが、その自然法はイエス・キリストにその基礎を持つからだと言う。為政者が「剣の力で外的正義を確保するという委託を遂行する」ことにより、「教会は、『安らかで静かな一生』（Ⅰテモテ二・二）を過ごすことができる」。

一枚目の板については、「敬虔な者を守り、賞すること（Ｉペテロ二・一四）」、「宗教を保護育成すること」が「政治的権威の責任」となる。霊的な剣に関わるこのつとめは、教会が神から委託されたつとめである。それで、教会の霊的職務は政治的権威に従属せず、「牧師の職務と教会の政治の職務において遂行されるこの委託それ自身の上には、政治的権威はいかなる力も持っていない」。政治的権威は、外的な秩序、外的な正義が守られるよう、監視するのみである。

ただ、急速な世俗化のせいで、プロテスタントではルターの二王国論を誤解してきたとボンヘッファーは言う。

「プロテスタントの側では、二つの王国というルターの教説は誤解され、この世界と自然的存在の解放と聖化とが主張された。政治的権威、理性、経済、文化がそれぞれ自律の権利を要求し、しかもこの自律がキリスト教と矛盾するとは全然考えられてはいない。……〈人間の聖化は、聖と世それ自体にあるのではなく、ただ罪を赦す恵み深い神の御言葉を通してのみある〉という元来の宗教改革的な使信は、ここでは深い忘却の淵に沈んでしまった。」

人は宗教改革を「良心と理性と文化とにおける人間の解放」と考え、これが近現代の「合理的、経験的科学の開花」、「合理化され、機械化された世界」に至る。この近代合理主義的な思考が二王国論解釈にも影響を与え、それが「巨像のように大きく、われわれの行く手に立ちはだかっている」とボンヘッファーは言う。「二つの領域の対立」という伝統的なキリスト教倫理思想の根本概念は、一方では「神的な、聖なる、超自然的、キリスト教的な領域」を意味し、もう一方では「この世的、俗的、自然的、非キリスト教的な領域」を意味する。この思考の第一の頂点は中世の高調期に見られ、第二の頂点は宗教改革後の

「疑似宗教改革的考え方」に見られると言う。現実の世界は二つに分割され、倫理的努力は両者の正しい関係を見出すことに向けられる。スコラ哲学では、「自然の王国は恩寵の王国の下に位置づけられる」。「狂信主義」では「選ばれた者たちの群れが、この世の敵対する力に抗して、神の国を地上に打ち立てるための戦いを始める」。

この二つの王国の分断によって、現実の全体が「聖なる領域と俗なる領域」、「キリスト教的領域と非キリスト教的領域」とに分割されるのだが、問題はこれにより「二つの領域のどちらか一つにのみ属するという可能性が生まれてきた」ことである。すなわち、この世とは何ら関係を持たない「宗教的実存」と、聖なる領域からの自立を主張する「この世的実存」との隔絶である。「中世の修道僧」と「一九世紀の文化的プロテスタント」がこれを代表する。

中でも近代史は、聖なる領域からのこの世的領域の独立に特徴づけられる。二つの王国を無関係あるいは対立的に理解するなら、人間にはもはや二つの可能性しか残されていない。「世界なしにキリストを望むか、キリストなしに世界を望むか」である。こうした考えは宗教改革後の時代に見られるが、聖書的ではなく、宗教改革の考え方にも反すると言う。

この誤解されてきた二王国論に欠けているのはキリストだとボンヘッファーは考える。「至るところで、キリストの事柄は、現実の全体の中での一つの部分的・局所的な事柄」としか扱われず、「キリストにおける現実がどれほど重要なものと考えられても、それは常に、その他の諸現実とならぶ一つの現実であるにとどまる」ことになる。

こうして、ボンヘッファーは二つの王国を結び付けるものこそキリストだと言う。「二つの現実があるのではなく、ただ一つの現実があるだけである。すなわちそれは、キリストにおいて世界に明らかとなった神の現実である。キリストにあって、われわれは神の現実とこの世界の現実に同時に立つ。キリストの現実は、この世界の現実をその中に包む。世界は、キリストにおける神の啓示とは関係ない独立した現実を持ってはいない。この世界をキリストにおいて見、認識せずに『キリスト教的』であろうとすることは、イエス・キリストにおける神の啓示を否定することである。……こうして、二つの領域というテーマは教会の歴史を何度も支配したが、新約聖書とは無縁である。」

　ボンヘッファーによると、二つの王国は「キリストの現実において根源的に一つとされている」。「この世」は「キリストにおいて」神に受け入れられている。「神によって愛され・和解を受けた世界である。」その意味で、キリストにあって二つの領域は一つとなる。それで、この世の現実の外でキリスト者であることはあり得ない。同時に、キリストの現実の外では、いかなる「現実的なこの世性」も存在しない。キリスト者はキリストに属しながら同時にこの世で生きる。教会がこの世界に領域を占めることは、キリストにおける神の啓示にとって本質的なことである。主は家畜小屋にお生まれになったが、「同時に、神はその狭い場所でこの世界の現実の全体を包み、その究極の根拠を明らかにし給う」。人間はキリストの受肉において受け入れられた。キリストにおいて愛され、裁かれ、和解を受けている。

　このような「教会と国家」のキリスト中心的理解は、「神」が二つの領域を統治すると言われてきたものを「キリスト」中心にキリストの受肉と受難によって解釈し直すことで、リアルで有機的に両者の関係性を展開する。とりわけ、キリスト者のこの世に対する関わりに積極的な変化をもたらす。神に造られ、愛され、裁かれ、和解を受けた世界として認識するので、その認識に基づいて行動する。世界は、キリストにおいて、キリストを通して与えられた、具体的な責任の領域となる。キリスト者の行為の出発点は、キリストが成し遂げた神との和解の喜びであり、キリストが成し遂げた救いのわざによる平和であり、すべてを包む生命なるキリストである。キリスト者は、キリストにおいてわれわれに語られた神のことばに応答して生きる。キリスト者の全生活に向けたことばなので、全生活を挙げて応答する。しかも「生命をかけて、……言葉をもって答える」。

教会が神から委ねられた世に対する本質的な責任は、キリストの主権を宣べ伝えることである。人々がキリストを知る知らないにかかわらず、万物の源泉、本質、目的を世に知らせる。なぜなら、信じる信じないによらず、万物はキリストによって創造され、贖われ、キリストに向けて存在しているし、教会はこのことを知っているからである。「世は、すべての造られたものと共に、キリストを通して、キリストに向けて造られ、ただキリストにおいてのみ存立している。……世は、それを知ると否とにかかわらず、キリストとの関わりにおいて存在している。」

教会がキリストの主権を宣べ伝えることは、教会と国家をはじめとする世の秩序をあらゆる他律から守る。たとえば、教会はキリストによってキリストのために立てられたが、その本質と目的を見失って国家に従属すれば国家の御用教会となる。当時のドイツでは教会のみならず、婚姻と労働もまたナチズムに従属した他律状態にあった。不安な時代には「自我が不安定で拠り所がない」ため、人々は自分を見失って何かに依存しようとする。それで、「国家社会主義者が、『私の良心は、アドルフ・ヒトラーである』と言う時、そのことによってまた自我の統一の根拠を、自分自身を超えたところに求めよう」として「無条件の他律」に陥り、ヒトラーが「救い主の役割」を果たしてくれると誤解する。教会が果たすキリストの主権の宣教は、この他律状態から世のあらゆる秩序を解放してキリストにある自由をもたらす。

二王国論の克服としてキリスト中心の再解釈を試みたボンヘッファーは、「教会と国家」に代わる秩序として四つの委任を考える。労働、結婚、政治的権威、教会である。彼はこれを「秩序」とは呼ばず、「神が与えた課題という性質」を持つものとして「委任」と呼ぶ。キリストに対するこの世の具体的な関わりである。

「神はこの世において、労働と結婚と政治的権威と教会とが存在することを望み給い、これらが、みなそれぞれの仕方で、キリストを通して、キリストに向けて、キリストにおいて、存在することを望み給う。」

「労働」は、最初の人間がエデンの園で命じられて以来なされてきた「人間が創造主の業に参与する働き」である。「結婚」もまた最初の人間において神から委任された。これにより「創造の業にあずかりつつ、創造主の意志に歩み入る」。一方で、「政治的権威」はそれ自体では生命も価値も造り出せず、造られた世界を保持するために神から委託された権威である。「教会」はこれら三つとは異なる。宣教と教会秩序とキリスト教生活を通して、キリストの現実を現実化する課題を担う。

この四つの委任という考えは、ルターの、悪魔に対抗するため神が立てた三つの支配である家庭と国家と教会を思い出させる。「家庭」を機能別に分けると労働と家庭生活になるだろうから、基本的にボンヘッファーはこの枠組みで「委任」を考えたことになろう。このうちルターは、国家と家庭には武力による抵抗権を認めたが、教会には認めない。教会の武器はあくまで神のことばであり、みことばの宣教こそ神が教会に委ねた責任である。ボンヘッファーも同じで、教会の本質的な責任は宣教なのだから剣はふさわしくないと考える。各々、家長として、為政者として、みことばの教師として、人は神から委ねられたつとめを果たすことになる。

世に対する教会の責任として、どこまで世の問題の解決に関わるべきかという問いがある。これについて、ボンヘッファーは、教会には世の問題を最終的に解決する責任はないと言う。なぜなら、教会の本質的な使命は、世の問題の「解決」にあるのではなく、世の「救済」にあるからだ。教会は世の問題をすべて解決できるわけではない。それでも教会が世の問題と取り組むのは、イザヤ書四〇章の「道備え」のゆえだと言う。たとえば、一人の奴隷がいて、自分の時間を自由に使えないために神のことばの宣教を聞けなければ、彼は義認の信仰を持つことができない。ここから、信仰以前の問題で信仰を持てないことがないよう、生活環境のような信仰以前の問題を配慮する必要がある。これが主が来られるための「道備え」である。「恵みの到来のための道備えをし、妨げ・困難にするものを取り除く」のだ。

iii「信仰告白の事態（Status Confessionis）」としてのユダヤ人問題

「信仰告白の事態」という言葉は、もともと宗教改革の時に作られた。宗教改革は教会の分裂をもたらしたが、これ以上分裂が大きくならぬよう皇帝が会議を開いて信仰告白などの確定を目指す。この取り決めが「インテリム」（仮信条）と呼ばれる。しかし、これはプロテスタントの教理を幾分受け入れるも、かなりカトリック寄りであった。このとき、ルターは亡くなっており、メランヒトンなどルター派の穏健派は、カトリック寄りの礼拝形式は神のことばで直接規定されたものではなく、「アディアフォラ（「善でも悪でもない」という意味のギリシャ語）」だから妥協してもいいと言った。これに非妥協派は反発する。その一人フラツィウスは、「告白と躓きの事態においてはアディアフォラは存在しない」と主張し、多くの人がこれに賛同して、マグデブルク市の牧師たちは「マグデブルク告白」を発表する。この際、彼らは信仰のためには武装抵抗も辞さない構えだったが、結局その意気込みに押されて皇帝側が若干の改訂を加える。しかし、同意に至らず仮信条は停止される。こうして「アディアフォラ」は、「躓きの事態」と「告白の事態」という二つの場合には制限されるとの考えが定着する。「躓きの事態」とは、コリント人への手紙第一、八章の「偶像にささげた肉」のように、それ自体に悪い意味がなくても見ている者に「躓き」を与える場合である。一方の「告白の事態」とは、「信仰の告白が危機にさらされ、ここで戦わなければ教会が教会としての本質を失ってしまう」危機状態を意味する。その際には「アディアフォラ」を取りやめて信仰告白を明確にする。

ボンヘッファーの言う「信仰告白の事態」は、「危機が取り除かれなければ教会の存亡に関わる危機的な状況」を意味する。これは教会の本質に関わる。それは、ボンヘッファーにとってはユダヤ人問題であった。

一九三三年一月三十日、ナチス政権が誕生する。多くの人が熱狂する中、ナチス誕生に千年王国、千年帝国の実現を夢見る動きもあるなど、教会もこれに同調していく。

その中でボンヘッファーは、いち早くナチズムの本質を見抜いて翌々日のラジオ講演で批判する。「千年帝国」を目指す幻想を否定し、カリスマ的権威への服従を求める指導者の神格化を批判する。ヒトラーは、支持者にとってはもはや一人の人間ではなく、彼らの願望の体現となっている。彼らの名誉と栄光への願望をヒトラーに投影し、ヒトラーに全権を明け渡すことでヒトラーの道具となる。こうしてヒトラーは人々の精神を受肉した救い主となる。ヒトラーの現象をボンヘッファーは的確にこう批判した。このときには、後に教会闘争のリーダーとなる人物でさえ、その正体を見抜けずにヒトラー政権の誕生を歓迎したのだが、ボンヘッファーだけは最初から見抜いていた。

一九三三年四月一日、ユダヤ系商店はボイコットされ、ユダヤ人は暴力にさらされる。「ドイツ人の労働を守るための純粋防衛的措置」との触れ込みだった。四月七日には「アーリア人条項」と呼ばれた「専門的公務の再建のための法律」が導入され、一九三三年秋には教会にも導入される。「アーリア人条項」は、本人の宗教に関係なくユダヤ系出身者から公務員に就く資格を剝奪した。ユダヤ人と結婚した者にも適用され、教会で職務を求める者にまでも適用された。

「アーリア人条項」が教会に適用されたことについて、一九三三年十一月二日マルティン・ニーメラーは、抗議の声を挙げて改宗のユダヤ人を擁護した。しかし、攻撃を避けるため、ユダヤ系キリスト者が指導的な地位から自発的に退いてほしいと彼は願っていた。一方で牧師緊急同盟を結成する。教会へのアーリア条項の導入は信仰告白への侵害であり、同盟のメンバーはユダヤ系キリスト者に責任を負うことを誓う。ただしここでの関心はあくまで改宗のユダヤ人であって、非キリスト者のユダヤ人は問題にされなかった。

カール・バルトは、神学の課題は神学を実践することで、教会はその中心である神のことばに聴かなければ教会であることをやめてしまう、教会に属する者は人種や血縁ではなく、聖霊と洗礼によって定められた共同体のメンバーだと断言した。それゆえ、ドイツ福音主義教会がユダヤ系キリスト者を排除したり蔑視したりするなら、教会は教会でなくなると言う。しかし、分裂を引き起こしてまで戦うとの積極的な考えではなかった。一九三四年五月の「バルメン宣言」はバルトが書いたが、ユダヤ人問題には全く触れていない。後にバルトは、ボンヘッファーが一九三三年の時点でユダヤ人問題をあれほど熱心に取り上げた最初で唯一の人物だったと評価し、バルメン宣言でユダヤ人問題を取り上げなかったことを後悔した。

ボンヘッファーは、キリスト者ユダヤ人だけでなく、非キリスト者ユダヤ人にも関心を示す。両者が「信仰告白の事態」に関わると考える。政府の行動に対する教会のあり方を問題にするからだ。国家はユダヤ人問題を調整する責任を負う。教会は、国家に不当に干渉すべきではないが、国策が法治体制と秩序につながるのか、あるいは無法と無秩序につながるのかを問う。特にユダヤ人政策の正当性を問う。そして、法と秩序の過多と過少の際には声を挙げる。いずれの場合にも国家は自己を否定しているからだ。

一九三三年四月下旬の講演「ユダヤ人問題に対する教会」で、ボンヘッファーはドイツ社会のユダヤ人すべての市民的権利を擁護する。

「（宗教に関係なくユダヤ人の受けている差別政策について）教会は、この国策をどう評価するのか、その結果教会は何をすべきか、これが一つの問題である。もう一つの問題は、教会の中にいる洗礼を受けたユダヤ人に教会はどういう態度を取るべきかということである。この二つは正しい教会概念からのみ答えが与えられ得る。」

ナチ国家の政策を教会はどう評価し、これにどう対応するのか、そして、ユダヤ人キリスト者に教会はどういう態度を取るのかと問う。これについて、秩序と法が少なすぎる場合と多すぎる場合の二つのケースで教会は発言を要すると言う。前者は、人権を保護する法がなく、ある人々の権利が喪失している場合が相当する。もっとも、法ができても、それが「アーリア人条項」のようにユダヤ人の人権を奪うような場合は後退である。一方、秩序と法が多すぎる場合、国家が権力を隅々まで行き渡らせようとして、キリスト教の信仰と宣教が侵害される。「アーリア人条項」が教会にまで適用されるようになれば、教会の「信仰告白」が危機にさらされる。それで、教会は国家による秩序の侵害を退けなければならないと言う。「キリスト教の宣教を危うくするような国家は、自分自身を否定する。」国家が自分の責任を放棄しているのだから、教会はこれを教えなければならないのだ。

そこで、ボンヘッファーは、国家のユダヤ人政策に教会が取るべき行動として三つの可能性を挙げる。

一つ目は、政策が合法的な国家にふさわしいのか、国家の責任を目覚めさせる問いかけをすることである。これは平時、教会が国家の行為に問題があると見たときに行う。国家が正しく職務を行っているかを評価し正すのだ。ただし、この際にはあくまで「問う」だけであって、教会が国家を告発したり弾劾したりすることは認めない。告発や弾劾は、教会としてではなく、個人のキリスト者か、あるいは教会以外の人道的な団体として行う場合にのみ許される。

二つ目は、国策の「犠牲者となった人々への奉仕」である。これはユダヤ人を念頭に置いたもので、助ける対象はキリスト者以外も含まれる。教会は犠牲者のユダヤ人に「無制限の義務を負っている」。

三つ目は、「車の犠牲になった人々を介抱するだけでなく、その車そのものを阻止する」ことである。言葉による働きかけと犠牲者の助けのみならず、「車そのものを阻止する」という「直接的な政治的行動」も教会の責任となる。

重要なのは、この教会の「直接的な政治的行動」が、国家が秩序と法の過剰あるいは過少状態にあり、国家が秩序と法を立てる機能を果たしていないと教会が見るときにのみはじめて可能となることである。その際には、国家が国家でなくなっていると教会は判断する。「アーリア人条項」でユダヤ人の人権が奪われる。さらには、それを教会に適用するように国家が教会に圧力をかける、法の過少と過剰の状態がある。こうしてユダヤ人を閉め出す国家の悪政は教会の信仰を脅かす。すなわち教会は「信仰告白の事態」に直面する。一方の国家は、国家としての責任を放棄したことで「自分を否認する」。この段階で、国家は国家でなくなる。それで、教会は第三の行動「直接的な政治行動」を担うことになるのだが、それは「場合によっては既存の国家との闘争の事態を生ぜしめる」。しかし、教会が政治的な行動に出ることは、ボンヘッファーによると、教会が国家というものの本質を知っているので、その本質を「守り、保持する責任」があり、（国家としての本質を失った）国家に成り代わって国家の役割を果たそうと努めることになる。

ただし、事が深刻なので、第三の行動については、「その時々に『福音主義的な教会会議』によって決断されるべき」と特別な手続きが付け加えられる。ただ、これは結局実現しなかった。それに代わる告白教会会議はできたが、実力による抵抗どころか第一の行動さえ危ぶまれた。実力による抵抗という問題は、この後ボンヘッファーにとっての重要な課題となっていく。

ちなみにボンヘッファーによると、ユダヤ人をドイツの教会から締め出すことは、教会が教会であることを放棄することになる。「キリスト教会からユダヤ人キリスト者を閉め出すことによって、キリスト教会の実質は破壊される。」アーリア人以外は教会の交わりに入れないとの民族の律法を、教会の法に優先するような教会は、もはやキリストの教会ではない。ボンヘッファーにとっては、「ユダヤ人とドイツ人とが共にみ言葉の下に立つところに教会がある」。これが「教会がなお教会であるか」の分岐点となる。神はあらゆる民族から神の民を召し集めた。教会は同類の人間の集まりではない。天にいます父のみこころを行う者が、ご自身の兄弟、姉妹、母だと主は言われた。民族や血は、教会がそこで展開する場ではあるが、それが教会に属するか否かの基準とすることは許されない。唯一の基準は、神のことばとその信仰だけなのだ。

こうしてボンヘッファーは、ユダヤ人を追い出す教会はもはや教会ではないと断罪して、「脱会」を勧める。ユダヤ人を教会から追い出す牧師は牧師職を放棄しているとも言う。ユダヤ人キリスト者をつとめから締め出すことで、牧師のつとめそのものが破壊される。教会の勝手な解釈が支配し、按手礼は意味を失う。牧師職の本質が破壊される。それで、そんな教会なら辞職したほうがいいと勧める。

「アーリア人条項」がアディアフォラ、つまりどちらでもいいことであって教会の信仰告白には関係ないと主張する「ドイツ・キリスト者」に、ボンヘッファーは反論する。

「教会と牧師職の実質、すなわち信仰告白が侵害されている。……その偶像崇拝における反神性は強められ、これに対して、正しい信仰者たちは、心を暗くされ、躓かされ、その信仰を弱められる。」

こうして、ボンヘッファーは「アーリア人条項」について次のように結論する。

「教会は、そこで福音が正しく説かれ、サクラメントが正しくとり行われる、召された人たちの集団《ゲマインデ》であって、その教会に所属するためには、いかなる律法も効力を有しない。したがって、アーリア人条項は、教会についての誤った教えであって、教会の実質を破壊するものである。」

iv 最後の手段（ultima ratio）としての抵抗

ボンヘッファーが政治的抵抗をするに至ったのには、どのような思想的背景があるのだろうか。ここが朱基徹との分岐点という主張もあるため、牧師でありながら武力抵抗に加わったボンヘッファーの思想は丁寧に理解する必要がある。

ボンヘッファーによれば、政治的権威は「神的な職務」で、それを担う者は「神の『仕え人』、奉仕者、代理者」である（ローマ一三・四）。政治的権威は、その存在根拠をただキリストに持つ。その委託を果たすかぎりにおいて、その存在は意味を持ち、委託からの背反は存在を危うくする。そして、委託に忠実か否かにかかわらず、政治的権威はキリストに仕える。委託に不忠実なら、教会の迫害者として政治的権威はキリストの御名の証しに仕える。

政治的権威が神の戒めに背くよう強制する場合、神からの委託を否認することになるので、キリスト者には服従の義務はない。政治的権威が委託の限度を超えて教会の信仰を支配する主となるならば、主のため、良心のために、キリスト者は服従を拒否すべきである。

ただし、この不服従は一般的に論じることができない。あくまで「個々の場合における具体的な決断であって、不服従の場合を一般化することは、政治的権威の黙示録的悪魔化を引き出すことになる」と言う。国家の決断は、複雑でその正当性を判断するのは「ほとんど不可能」なので、これを受け入れるのも抵抗するのも「冒険」となる。政治的権威の決断も「冒険」だが、これへの抵抗も「冒険」となる。倫理では割り切れない「行動の冒険」である。武装抵抗か非武装抵抗かとの線引きも、一般論としては論じられないとボンヘッファーは考える。キリストの贖いの恵みから考えなければならず、しかもその都度状況が異なるため、決まった答えがないからだ。

すでに説明したが、ルター同様、教会の国家への実力行使を正当化する「抵抗権思想」はボンヘッファーにはない。「狂信主義」呼ばわりしたピューリタンの政治的革命理論もない。「聖書によれば、革命に対するいかなる権利もない。」　二王国論を克服した委任論からも出てこない。

にもかかわらず、ボンヘッファーがヒトラー暗殺という武力抵抗に関わるに至る背景には、ナチスによる暴虐との限界状況が深く関わる。「単純に正義と不義、善悪の区別」がつかず、「不義と不義、悪と悪との間で決断せざるを得ない」極限状況である。その場合には悪の中から選択せざるを得ない。「絶対的な善」ではなく、「現実に即応」して、「より悪いほうを避けるために、〔まだましなほうの〕悪」、「相対的な善を選ぶ」ことになる。

このような限界状況は「一つの特別な状況を創造する」。すなわち、人間の理性に逃げ道を与えず、「最後の手段（ultima ratio）」の問題の前に立たしめる。あらゆる合法的な手段を尽くした後の「非常手段、最後の手段」である。この言葉は、ルイ十四世が軍隊の大砲に「ultima ratio regum（王の最後の議論、最後の手段としての武力行使を意味するラテン語）」と刻んだものである。政治の領域では戦争を意味するが、これ以外にも次のような場合があるとボンヘッファーは言う。「自分側がどうしても生きのびるために、相手側を裏切ったり、条約を破棄することである。経済生活においては、商売上の必然性のため、人間の存在を破壊することである。」　いずれにせよ、「究極の根拠」は理性（ratio）を超えた非合理的、あるいは超合理的な限界状況での行動である。

ボンヘッファーにとっては、武力行使はあくまで最後の手段（ultima ratio）であって、第一の手段（prima ratio）にも常套手段（permanens ratio）にもならない。「暴力よりも、いっそう大きな害悪がただ一つある。それは、原則としての、法則としての、規範としての暴力だ。」このボールドウィンの言葉を正しいとしながら、次のように解説する。

「彼は危機的な限界状況で暴力を行使せざるを得なくなることを究極の根拠と呼ぶのではない。もしそうなら、彼は一人の熱狂者ではあっても政治家ではなくなる。限界状況を正常・法則と混同し、法律を守ることで保証される相対的な秩序を限界状況だからとの理由で混沌に代えることは、どんなに犠牲を払っても望まなかった。」

武力行使はあくまで例外なのだ。その最後の手段を常態化することは、理性で判断できる通常の事態、「相対的な秩序」の定義を混乱に陥れる。そんなことをすれば戦争が常態化する。限界状況だからといって即座に「暴力行使」が必然となるわけではない。判断は「責任ある人間の自由」に委ねられるが、その際「ある特定の決断へと強制できるどのような法則も存在しない」。

「むしろそのような状況に直面する時、ただすべての法則を完全な放棄するしかない。それは自由な冒険の決断をしなければならず、法則は破られてもよく、差し迫った必要性が戒めを破ってもよいとの明白な許しが存在し、この法則破棄において法則が妥当であることを知る知識と結びつく。そして、最後に、すべての法則を断念することで、自分の決断と行為を歴史を導く神の御手に委ねることが起こる。」

「最後の手段」の決断は、理性を超えるためあらゆる理性の法を断念する以外にない。それは「自由な冒険」なのだ。その結果、法を破っているとの罪意識が生じるが、「最後の手段」なのだから法を破って当然と自分を正当化せず、冒険的な決断と行為の是非を「歴史を導く神の御手に委ねる」。歴史における究極の行動は、それが神に受け入れられるか否かを理論的に答えることはできない。究極の問いは未解答のままで残される。「いずれにしても人は罪を犯す」ものであり、「いずれにせよ人はただ神の恵みと赦しによって生きることができる」。「裁きは常にただ神の御手にゆだねられ」、「誰も互いに他の裁き主となることはできない」。

ちなみにボンヘッファーによると、この超理性の「冒険」は、何もない暴発的な決断によってなされるというより二つのことの中で決断がなされる。すなわち「罪を引き受ける用意と自由」である。「責任ある行動の構造は、罪を引き受ける用意と自由とを含むことによって成り立つ。」「罪を引き受ける用意」とは、イエスが罪深い人間を愛してその罪を負ったように、世の罪の重荷を負うことである。イエスが愛されたのは抽象的な人間ではない。現実の人間を愛された。人間の罪を関係ないものとせず、罪深い人間の責任を負ってイエスは罪ある者となる。それはイエスの無私の愛である。「イエスがすべての人間の罪を負い給うた故にすべての責任ある行動者は他の罪を負う。……（これが）イエスを通して責任ある行動の本質となる。」

責任ある行動は、イエスがなさったように他人の罪の責任を負う。それで、「良心」もまたイエスがなさったように他人の罪の責任を負うように働くことになる。通常の理性の法を超えた「冒険的決断」をしようとするとき、「良心」がそれを左右する。「良心」は「高等法廷」であり、それに「反して行動するよう勧めることはできない」。「良心」は人間の意志と理性のさらなる深みから来る。自分を失っていくことへの警告として響いてくるが、イエスとの交わりで自由にされる。イエスが私の良心となる。「一つの律法ではなく、イエスにおいて私に出会う生ける神と生ける人間が、私の良心の根源であり、目標である。神と人のために、イエスは律法の破壊者となられた。」

人の罪を負ったイエスが私の良心となるのだから、神と人のために主がなさった、一見律法破壊のようなことも行う。たとえば、安息日の律法を破る、罪人や見捨てられた者と共に食事をする、さらには神に見捨てられる境遇に身を置くといったことである。ボンヘッファーは言う。

「キリストは神と隣人への奉仕のために良心を自由にし給うた。人が人の罪との交わりに入って行く所でも、そしてまさにそこでこそキリストは良心を自由にし給うた。律法から自由にされた良心は、他人のために、他の罪の中へ入って行くことを恐れぬようになる。……自由にされた良心は、律法に束縛された良心のように不安を抱くことはなく、むしろ隣人とその具体的な困窮に広く心を開く。こうして良心は隣人の罪を担うためキリストにその基礎を持つ責任と一つになる。……それ故、責任ある行動においてはある種の相対的な無罪性が存在する。それはまさに他者の罪を負う責任ある行動において示されるのだ。」

「他者の罪を負う責任ある行動」には、鮮やかに十戒に啓示された絶対的な無罪性はないかもしれないが、「ある種の相対的な無罪性が存在する」と言う。先に挙げた例の他にも、「私の家に押し入る殺人者が、彼の追跡する私の友人が家に逃げ込んだかと尋ねた時」にどうするかという問題を紹介する。カントは「正直に『はい』と答えなければならない」と言うが、ボンヘッファーはこれを「奇怪な結論」と切り捨てる。カントの行動は律法的・規範倫理的に犯罪を避けようとする良心から出ている。「いいえ」と答えることは、第八戒「偽証してはならない」を破ることになるからだ。しかし、友人のために嘘をつくことを拒否して「隣人を愛する故に罪を負うことを拒む」なら、「私の責任に反することになる」。

この倫理を超えた「責任」ある行動は「キリストにおいて自由にされた良心と責任」でなされるが、「両者は互いに解消し得ない緊張関係を続ける」。しかも、キリストによって自由にされた良心もまた、自由にされたからといって「(神と人を愛することを命じる十戒)律法」を軽んじることは許されず、そのようなことをすれば「ただ無責任が生じるのみ」となる。それで「自由にされた良心も……生の律法の侵犯への警告者であり続ける」。しかし、「律法はもはや究極ではなく、キリストが究極」なので、「キリストのための自由な決断」がなされるも、両者は「絶え間なき対立抗争」を続けるのではなく、「責任の根拠、本質、目標」、「良心の主」キリストにあって「究極の一致」を見る。「責任は良心に束縛され」、「良心は責任を通して自由にされる」。

こうして「自由な冒険(ein freies Wagnis)」がいよいよ決断される。ボンヘッファーによると、責任を負う人間は、人間や環境や原則の援護を求めず、自分自身の自由において行動する。自分以外に何も彼を保証しない。自分で観察し、考え、決断し、行動しなければならない。そして、自分の行動の動機、見通し、価値、意味を自分で吟味する。その結果、動機が純粋で、取り巻く諸関係が有利で、行動が価値あるものと理解できても、だからといってそれで彼の罪が赦され無罪とされるような法規範とはなり得ない。責任を負う者の行動はただキリストにある自由において行われる。全く相対的で、混迷する歴史の闇中、善悪の微かな薄明の光を頼りに行う。それも無数の展望がある中で行う。単に正と不正、善と悪の間で決断せねばならないのみならず、不正しかない中でも決断しなければならない。いかなる律法によっても正当化されない。責任ある善は、究極の善を知ることなく行われる。私たちの心を知り、私たちの行為をはかり、歴史を導く神の御手に委ねつつ行われる。

実力行使の決断は、個々のケースに応じた具体的な決断でなければならず、一般化は許されない。そして、その責任はあくまで自分ひとりで負うべきとボンヘッファーは考えた。「剣を取る者は剣によって滅びる」（マタイ二六・五二、黙示録一三・一〇）をこう解説する。「この言葉は正しいし抵抗グループにも妥当する。私たちもこの裁きの下にあることを受け入れねばならない。しかし、今この言葉の妥当性を一身に引き受けて立つ人間が必要なのだ。」誰からも正当化を求めず、自分でも正当化せず、罪責を自分ひとりで背負いながら、ただ神に委ねて行動する。それでいのちを落とすことをこう描写する。

「たとえわれわれの教会が殉教の血を流すような時代が再び来たとしても、何も驚くことはあるまい。だが、仮に、血を注ぐ勇気と忠誠とが、本当になお、われわれにあったとしても、その血は最初の証人たちの血のようには清浄ではなく、輝いてもいないだろう。われわれの血の上には、大きな自分自身の罪の負い目がある。外の暗いところに追い出されるであろう役に立たない僕の負債があるに違いない。」

ボンヘッファーはもともと平和思想の持ち主で、非暴力の抵抗で戦ったインドのガンジーにとても強い尊敬を抱いていた。しかし、あくまで例外的に、最後の手段としてやむを得ぬ場合には、「自由な冒険」による武力抵抗もあり得ると考えていた。

ルターは、その抵抗権思想において、悲惨な限界状況を目の当たりにしながらも、「この世の権威が機能しない」場合には、「民が官憲の役を果たして」武力抵抗することもあり得ることを説いた。

「私は、目の前で私の妻や娘たちが誰かに陵辱されそうになれば、キリスト者であることをかなぐり捨ててこの世の人となり、その人を絞め殺すか、助けを求めて大声で叫ぶであろう。なぜならこの世の権威が機能しないなら、民が官憲の役を果たさなければならない。こうして隣人に人は助けを求める。なぜならキリスト（と福音）は法や秩序を廃止するのではなく、これを強固にするからだ。」

ド・ベーズもまた悲惨な限界状況における積極的な抵抗を考えた。

「いずれにせよ、われわれは君主が自分の父母を殺し、姉妹たち、婦人たちを汚し、各人に好きなように振る舞わせ、奪わせ、殺させ、しかもこのすべてを一個の民がこういう君主の敬虔さを当てにして、無条件に受け入れたからだという口実の下にやってのけるまでになるなら、どこで是正したらよいのか、そして人々の生活はどうなるのか。」

ボンヘッファーの場合、ナチスの暴虐という限界状況があり、それを阻止するための武力抵抗という選択をすることになる。獄中で、囚人の一人から、キリスト者として、神学者として、ヒトラーへの抵抗に参加する責任について尋ねられて、こう答えた。

「酔った運転者がクーアフュルステンダムの通りを高速で車を走らせていると考えてください。その際、この酔っ払った人による犠牲者たちを埋葬して肉親を慰めることが教師の唯一の仕事あるいは果たすべき仕事にはなり得ないでしょう。いっそう重要なのは、その酔っ払いからハンドルを無理にでも奪い取ることではないでしょうか。」

乗車する者たちが酔っ払いのせいで犠牲になる、それで酔っ払いから無理にでもハンドルを奪い取る実力行使に出る、限界状況ではこれも牧師の役割となると言う。

ただ、ボンヘッファーが本格的に抵抗運動に加わるときには軍人であった。一九三八年以降、告白教会は実質的に機能せず、戦争状態に入ってからはナチ体制に抵抗できる拠点は国防軍以外には存在しなかった。ボンヘッファーは、国防軍の兵役免除措置で、一方では教会活動をしながら、他方では国防軍防諜部で対外連絡員として活動するという二重生活を送っていた。そして、この防諜部がヒトラー政権の転覆を謀る軍部の抵抗運動の中枢であり、ボンヘッファーはその一員としてヒトラー暗殺計画に関わる。実際には計画実行以前に拘束されたので直接関わることはなかったが、必要があれば実行の責任分担も引き受ける覚悟があった。その際には、あらかじめ教会から正式に離脱し、それを公に明示したうえで行うと言っていた。つまり、彼の抵抗は、牧師としての抵抗というよりは、一国民、あるいは国軍の一兵士としての抵抗と言える。

この点、最初に紹介した朱基徹の抵抗とは本質的に異なる。朱基徹は牧師として抵抗した。ルターもボンヘッファーも認識していたとおり、教会はあくまで神のことばを伝えることが本質的なつとめなので武力抵抗はしない。朱基徹は、自分は武力抵抗には参加しなかったものの、独立運動それ自体には反対してはいない。つまり牧師として抵抗したのである。これに対し、ボンヘッファーは、牧師としては言葉で、国民あるいは兵士としては武力で、抵抗した。

V　おわりに――ボンヘッファーの抵抗論をどう受けとめるか

ボンヘッファーの抵抗論は、世界の圧政に苦しむ教会を励ましてきた。日本では、戦時下の教会の歩みを総括する基準として、告白教会の戦いとボンヘッファーの抵抗論が引き合いに出された。韓国では、先に紹介した金在俊らの戦後の民主化闘争を励ました。その意味では、ボンヘッファーの思想は今なお多くの戦う教会を励ましている。
ただ、一方で、今日私たちがよく考えなければならない幾つかの課題も残したように思う。たとえば、ボンヘッファーを「二〇世紀の真の殉教者」と讃美した金在俊は、確かに戦後の民主化闘争を戦った。しかし、戦時下には神社参拝強制への抵抗には全く無関心であった。むしろ「国民儀礼」とした日本政府の解釈を鵜呑みにし、十戒を忠実に守って殉教した朱基徹の死を、「無知のため」、「根本主義神学による思想の凍結」、「教理による自己疎外」、「戒律主義者達、独善主義者、典型的なパリサイ人」と断じた。

ボンヘッファーは、信仰告白が危機にさらされている状況では告白を明白にすべきと考えた。ユダヤ人問題を想定してそう考えたのだが、神社参拝の強制をはたしてそれに含めるかということについての直接的な言及はない。しかし、「日本においてもその歴史は神話的性格をとどめている。日本の現在の（一九四〇年現在）憲法の第一条は、太陽神に由来する代々の皇帝（天皇）に対する信仰を要求している」と日本について言及し、天照の子孫、現人神天皇への礼拝儀式である神社参拝の強制に危惧を示している。

ここから推測すると、信仰に関わることなので、教会の告白が危機にさらされている状態と言えるだろう。迫害を逃れて生き残るためには何でもするという考えは、ボンヘッファーには基本的にない。自分が成功するために「その時々の好機をとらえること」で「現実に即応」するのなら、「その時々の強力な圧力に屈すること」になり、ニーチェの言う「既成事実への屈従的奴隷」にほかならない。ボンヘッファーも言うように、「現実への即応性」とはこれとは完全に異なる。ボンヘッファーなら、神社参拝の強制は教会の信仰告白を根底から脅かす「信仰告白の事態」として理解したのではないだろうか。

ただ、ボンヘッファーにはもう一つの側面があり、これがわれわれに一つの戸惑いを残す。一九四〇年六月十七日フランス降伏の報にドイツ国民が狂喜する中、憂えたたずむベートゲに、ボンヘッファーは「ハイル・ヒトラー」と腕を上げて「気がおかしくなったか、おまえも腕を高く挙げよ」とベートゲに促した。身を守るため、あるいは抵抗のためとか十戒を超えた新たな倫理の実践のためなのか。ボンヘッファーも言うように一般論では考えられないのだろうが、この論理を延長すると、神社参拝の強制を受け入れることで自分と兄弟姉妹を迫害から守るという、金在俊のような考えが正当化される可能性もある。あるいは「抵抗に備える」との名目でなされるかもしれない。もちろん、それはニーチェの「既成事実に対する屈従的奴隷」にならぬようしなければならないのだが、意味ある屈従なのか、それとも単なる奴隷的屈従なのかの判断は極めて難しい。

こうしてボンヘッファーからは、相異なる正反対の二つの結論が可能となる。神社参拝強制問題で言うと、金英才と李象奎のように、神社参拝の強制に抵抗した者たちもボンヘッファーのように抵抗したと言えるし、同時に、金在俊のように神社参拝の強制に屈した者たちもボンヘッファーのように抵抗した（？）と言い得るのだ。滑稽な話だが、どちらもボンヘッファーを引き合いに自分たちの正当性を主張できるという事態が生じる。もちろん、これでボンヘッファーの功績が色あせることはない。それを引き合いに自分たちの行動を正当づけようとする今日のわれわれ自身の課題だろう。

また、相馬伸郎牧師は、ボンヘッファーを語りたがる牧師や神学者にはアジアへの戦責問題の関心が希薄な傾向がないかと指摘する。ヒトラーもボンヘッファーも日本の教会とは直接関係がない。これが韓国教会と朱基徹への弾圧なら、殉教に追いやった張本人という拭いがたい罪責がついて回る。日本の教会には見たくもない歴史である。戦犯捜しにもつながる。でも、ドイツは直接関係ないので安心して扱える。もちろん、バルトもボンヘッファーもその豊富な神学と実践から学ぶことは多い。そこから自分たちの戦時下と戦後を総括することは大いにすべきだろう。

でも、それだけでいいのか。日本の罪責を総括すると言いながら、肝心な罪責を見て見ぬ振りをする、研究者の隠れ蓑になってはいないか。「ボンヘッファー」と聞くたびに何か違和感を覚えるのは、相馬牧師と私だけだろうか。

それにしても、ナチスの暴政をどうにかして食い止めようとするボンヘッファーの執念は凄まじい。目の前で暴走する列車そのものを止めるべく、抵抗神学を構築していく途方もない努力と苦闘である。当時のルター派教会は、「服従」は改革派教会に任せて、「服従のない『安価な恵み』」ばかりを提供し、安易な「義認」信仰で正義を行うことをしなかった。

「私たちは鳥のように安価な恵みの亡骸の周りに群がってきた。私たちには、安価な恵みから受け取った毒が回り、そのために私たちの間ではイエスに従うことは死に絶えてしまった。……至る所でルターの言葉が口の端に上ったが、その真理は曲解されて自己欺瞞に一変した。われわれの教会がただ義認の教説さえ持っていれば、なるほどその教会はそれで義と認められた教会というわけだった。……安価な恵みは、……われわれにキリストに至る道を開くのではなく、閉じてしまった。……キリスト者を破滅に追いやってしまった。」

それで、「信ずる者だけが従う」との伝統的な命題をひっくり返して、「従う者だけが信ずる！」との痛烈なメッセージを送る。「安価な恵み」ばかりを提供してナチを批判しないルター派教会はナチの共犯者との認識がボンヘッファーにはあった。

「人間は、『信ずる者だけが従う』との命題を受け入れることで『安価な恵み』に毒されている。依然として不従順にとどまりながら、自分で自分に付与する赦しで自分を慰め、結果、神のことばを敬遠する。……そこでは転回が新しく起こらねばならない。その転回に立たされた人間は、服従へと招きを受けねばならない。『従う者だけが信ずる!』と。」

一方の改革派教会はどうであったか。ナチス支配下のオランダでは、カイパー派の神学者は、ナチスの全体主義支配を国家の独立した領域主権との理由で受け入れる傾向が強く、充分に抵抗できなかった。アムステルダム自由大学のV・ヘップ教授、ヘルマン・カイパー教授(アブラハム・カイパーの息子)、主幹のキリスト教週刊誌『改革(De Reformatie)』はそれぞれナチズムの宣伝機関と化していた。しかし、その一方で、スキルダーのようにナチズムを批判し、主幹の週刊誌は発禁となり逮捕されて、地下に潜伏した抵抗神学者もいた。スキルダーはバルト神学を否定したが、バルト神学に立ちバルメン宣言に学んでナチと果敢に戦った者もいた。

伝統的なルターの二王国論を克服するキリスト中心の神学、「教会と国家」に代わる四つの委任論、そして「信仰告白の事態」における教会闘争、さらには「最後の手段」すなわち罪を引き受ける用意と福音的自由による冒険的決断へと至るボンヘッファーの神学的な闘いは、ひとえにどうにかして目の前の暴政を食い止めようとする抵抗神学構築のためのまさに死闘であった。これは今日の危機の時代に抵抗神学を構築していく私たちへの激励となる。

最後に、今日、教会の現実的な課題と思うことを二点だけ挙げておく。

一つは、ボンヘッファーが「二王国論」を克服するものとして考えた、キリスト中心の神学を深めることである。それを知ると否とにかかわらず、万物はキリストと根源的に関わる。教会はもちろん、国家も家庭も労働も、キリストによって存在し、キリストのために存在している。これを知るのは教会だけで、このキリストの主権を宣べ伝える宣教によって、ナチに従属するこれら四者は解放されて本来のキリストの栄光をあらわすようになると言う。今日、国家と家庭と労働と（場合によっては）教会までもが従属しているナチ的なものはないか。まず教会が世の権威に従属せずキリストにあって立つことが必要である。そして、キリストの主権を宣べ伝えて、キリストにあって立つよう家庭と労働と国家に働きかけるのだが、それは今日の状況に具体的に当てはめると、どういうことになるのだろうか。

もう一つは、今日の教会が信仰告白の危機にないかをあらためて問い直す必要がある。ボンヘッファーにとって、教会が教会としての実質を失う「信仰告白の危機」は、教会が民族の法を教会の法に優先させる場合のみならず、神の法を無視した暴政を教会が見て見ぬ振りをするときもまたこれに相当する。自ら国家であることを否定する国家に対して、無為無策で物言わぬ教会もまた教会であることを自ら放棄している。自らの責任を放棄している国家に対して、その責任を教えることはもちろん、やむなく成り代わることも含めて、教会が教会であることは今日具体的にどうあることかを根本から考え直す必要があるのではないだろうか。

参考文献

D・ボンヘッファー『教会の本質』新教出版社、一九八九年
D・ボンヘッファー『ボンヘッファー選集』新教出版社
Dietrich Bonhoeffer, *Ethik*, Zusammengestellt und hrsg. von Eberhard Bethge Chr. Kaiser, 1949
ヴィヴェンヌ・ブラックバーン『ディートリッヒ・ボンヘッファーとシモーヌ・ヴェイユ――応答性の研究』池永倫明・池永順一訳、いのちのことば社
J・ディオティオス・ロバーツ『ボンヘッファーとキング――抵抗に生きたキリスト者』日本キリスト教団出版局、二〇〇八年
宮田光雄『ボンヘッファーとその時代』新教出版社、二〇〇七年
山崎和明『D・ボンヘッファーの政治思想――抵抗と再建の論理と倫理』新教出版社、二〇〇三年
M・ルター『ルター著作集分冊8　キリスト者の抵抗権について』聖文舎、一九八三年
M・ルター『卓上語録』教文館、二〇〇三年
日本キリスト改革派西部中会『平和をつくる教会をめざして』一麦出版社、二〇〇九年
神戸改革派神学校『改革派神学　第十八輯』牧田吉和「改革派文化論の神学的再構築の試み」一九八五年
基督教思想研究所『基督教思想研究』第四号、高神大学、一九九七年
『福音と世界』二〇〇〇年七月号、新教出版社
『福音と世界』二〇〇〇年九月号、新教出版社
金英才『韓国教会史』改革主義振興協会、一九九二年
金容福等「韓国基督教と第三世界」プルビ、一九八一年

御国の民として生きる
――学生として考える、キリスト者と日本社会

桑島みくに

なぜ政治を考えるか

私は福音派の教会に通うキリスト者であり、福音主義を貫くキリスト者学生会（以下、ＫＧＫ）の学生です。私は現政権に対して、自由と民主主義を求めています。それは、今の政治が誤った方向に進もうとしている現状に、私の良心と信仰が危機感を感じているからです。私にとって、福音を信じるキリスト者であることと、政治について考えたり行動したりすることは、矛盾しません。そう思うようになったのには、高校時代の影響が大きくあります。寮生活を通して、自分の愛のなさ、罪を知り、そこから贖ってくださったキリストを知りました。また平和学習や現場での出会いを通して、日本の加害の歴史や、人や地域を犠牲として成り立つ搾取的な社会構造を知りました。そして私自身の生活も、今もだれかを犠牲にしながら成り立っている現実に、衝撃を受けました。

憲法第一二条　この憲法が国民に保障する自由及び権利は、国民の不断の努力によって、これを保持しなければならない。

国民に保障されている自由や権利は、何もせずに自動的に与えられ続けるものではなく、不断の努力が必要であると憲法に明記されています。私はその努力を続けるキリスト者と出会ってきました。社会の中で弱い立場に置かれている人や地域に仕え続ける姿は、キリストにならう生き方そのものでした。福音を信じ、伝えることと、社会の具体的必要に応えることとは、キリストにあって何の矛盾もない自然なことだと知りました。

私は大学で、地域コミュニティレベルで調和ある社会づくりをしたいと思い、地方自治を専攻しました。社会で行動することが先にあった私でしたが、聖書に立つ福音的な教会とＫＧＫの交わりを通して、福音こそすべての原点であり、解決であるということに立ち返らされました。福音は、家庭、仕事、学問、環境、政治、すべての領域に及ぶ良き知らせです。クリスチャン・コミュニティで過ごすことは心地よいことですが、福音を味わうほどに、さまざまな破れと混乱のある現実社会の中で、私はどう福音に生きるのか、いつも問われてきました。

遣わされた者として

社会の現実課題を前にして、それに向き合うことをあきらめたくなるときがあります。しかし聖書には、私がどのような存在として地上に置かれているかが語られています。それは、私がこの地に足をつけて生きるための励ましです。

キリスト者の国籍は天にあります。天から遣わされた者であるため、地上においては旅人であり、寄留者なのです。そして、私たちを遣わしてくださったキリストご自身が、私たちのためにとりなし祈ってていてくださっています。

「わたしがこの世のものでないように、彼らもこの世のものではありません。真理によって彼らを聖別してください。あなたのみことばは真理です。あなたがわたしを世に遣わされたように、わたしも彼らを世に遣わしました。」（ヨハネ一七・一六〜一八）

この世界とどう付き合っていくのか。それは多くのキリスト者が抱えている課題でしょう。この世界との関係性について、油井義昭先生はこのように語っておられます。

「この世とキリスト者の関係は一言で、キリスト者はこの世から救い出され、改めてこの世に遣わされた者だと言える。……本当に地の塩、世の光としての役割を果たすことができるのは、世から神に向かってはっきりと回心し、その後に、改めて使命を自覚して世界に対する使命を受け入れたキリスト者である。このようなキリスト者であってはじめて、世にありながらこの世の原理に同調せず、イエスキリストにある新しいいのちの原理に従って、神が現実の世界において彼に与えられた使命を果たし、神の栄光を現すことが出来るのである。[*1]」

キリスト者は、一度この世から聖め分かたれ、それから御国の民としてこの世界に遣わされた存在です。外国での暮らしが難しいように、私たちも御国の民として生きるなら、この世で生きづらさや違いを感じることは当然です。だからこそ、この世と調子を合わせるのでも、天に国籍があるから何もしなくてよいのでもなく、むしろ遣わされた者としてこの世界で使命を全うする必要があります。この世界で、御国の完成に向かう働きに加わるように招かれているのです。

人には、主と共に世界を管理する使命が与えられています（創世一・二八）。神が創造された世界は「非常に良かった」のです。しかし罪によって、神と人との関係性、また人とあらゆる被造物との関係性に破れが生じました。しかし救い主キリストを信じ、神との関係に和解が与えられた者には、同時に人や被造物とのあらゆる関係性においても和解のつとめが与えられています。キリストの和解の福音が必要な領域は、個人の内面にとどまらず、社会の構造を含むすべての領域に及びます。

「キリストこそ私たちの平和です。キリストは私たち二つのものを一つにし、ご自分の肉において、隔ての壁である敵意を打ち壊し、様々な規定から成る戒めの律法を廃棄されました。」

（エペソ二・一四～一五）

現在は、御国の完成に向かう途上にあります。御国は、キリストご自身が主として完全に支配される世界です。その希望を見つめながら、今も主と共にこの世界を管理する使命を与えられています。完成までの途上には、多くの葛藤にうめくことがあります。しかし、主がいつもとりなし祈ってくださり、また共に歩み導いてくださるからこそ、「塩」、「光」として、「地」へ、「世界」へと出て行くことができるのです。

キリスト者と国家――今の日本社会について思うこと

世界管理のつとめの中で、政治は大切な働きです。ローマ人への手紙一三章には、国家権力は神が立てられた権威であり、神のしもべであると書かれています。そのため権威には従うことが求められています。国家は、神のしもべという役割を守っているかぎり、人に益を与える存在なのです（ローマ一三・四）。旧約聖書においても、神に用いられた指導者たちは、神の律法によって正義を行う責任が与えられ、政治的つとめを果たしてきました。また神と人との破れ口に立ち、とりなす働きをしてきました。

しかし、国家が神のみこころに逆らい、神のしもべとしてふさわしくない場合、キリスト者が従うのは神であり、国家には抵抗するべきではないでしょうか。そうして神の正義が行われることを求め、とりなし手となるように召されていると思うのです。

私は、現政権である安倍政権が神のしもべとしての働きを成していないと思います。人のいのちを大切にすることより、利益や権力を手にすることに向かっているように感じます。自民党改憲草案に見られるように、国民の自由や権利を制限し、国に従うことを求める姿勢があらゆるところに表れていると思うのです。国が国民の自由や権利を守る「国民のための国」ではなく、国や権力者のために国民を利用する「国のための国民」にしようしているのではないかとさえ感じます。

本来、国家権力を縛り、国民を守るための憲法を、国家権力自らが解釈を変更するという解釈改憲。対話より武力を優先させる安全保障、外交政策。大企業や利権を持つ富裕層への優遇措置。防衛費の増大の一方、多くの労働者や貧困層を顧みず削られていく社会保障費。地域の反対の声を押し切って搾取的な構造を押し付けるヘリパッド建設、米軍基地建設、原発再稼働。選挙後やオリンピック最中、芸能ニュースが盛り上がる裏で、それらが粛々と進められていることに口惜しさを感じます。社会の痛みと政治の不条理が表に出る契機となった二〇一一年の東日本大震災と原発事故の後も、日本政治はさらに危険な方向へと進んできました。

このような政治のあり方には、「NO」と言いたい。私にとって、言葉と行動をもって意思表示する仲間の存在は、大きな励ましでした。若者を含む多くの市民がこれまで求めてきたことは、立憲主義、生活保障、平和外交という、ごく当たり前のことです。基本的なことを大切にしない政治が行われている状況は、緊急事態なのです。戦争という過去の過ちが忘れ去られつつある今こそ、それぞれの現場、日常の中であらゆる人たちと共に「不断の努力」をすることが問われているのだと思います。

政治に関わること、ましてや「抵抗」となると、過激で遠ざけたいイメージがあると思います。しかし正義を行うこと、隣人を愛し、世界を管理するという使命と真剣に向き合うなら、政治とも真剣に向き合わなくてはならないでしょう。混沌とした政治世界の中で、時に政権に抵抗することを通しても、主の正義を選び、行うようにと招かれていると思うのです。

政治に関わることへの抵抗は、キリスト者に限らず若者を中心として日本全体にあるものです。だからこそ、政治を自分事として捉えられるように、日常で身近に捉える存在とするための工夫が必要でした。SEALDs（Students Emergency Action for Liberal Democracy's）などの市民団体による、若者受けやメディア映えを意識したデザインや雰囲気づくりは、政治に対するイメージを変える「新しさ」があったのでしょう。しかしその裏には、多くの努力がありました。あるラジオ番組で「革命は実務である」という言葉を聴きました。それらの活動が革命を目指していたわけではないにせよ、裏側には地道な実務をこなしてきた多くの存在があります。政治家や他団体、これまで政治に関心を持ってこなかった人を含め、多くの人を巻き込むための努力があったのです。

二〇一六年の参議院選挙にも、「市民の選挙」としての変化が見られました。投票するだけでは、期待している政治は実現しない。そのことを知った市民が、政党、政治家、候補者のための選挙ではなく、参政権を持つ当事者として立ち上がり、求める政治のあり方を表明し、候補者を押し上げる図が各地で見られました。特定の支持政党がなくても、選挙対策事務所や支援団体と協力して戦略的投票を呼びかけるなど、具体的活動を起こす多くの市民の姿がありました。

私も初めて支援団体での活動に加わり、戦略的投票を呼びかけました。もちろん、各々が応援したい候補者に一票を投じてほしい。けれども今回ばかりは、与党に改憲勢力を譲ることには危険がありました。国会内の与野党のバランスのみならず、市民の自由や権利が簡単に奪われる自民党の改憲草案には危険が多いのです。そのためには、少しでもリベラル勢力を支持し、情勢を踏まえて投票先を判断する必要がありました。

多くの市民の働きかけの結果、野党共闘が実現し、市民一人一人の意志と行動による一票があってはじめて政治家を国会に送ることができるのだと実感しました。しかし現実には、与党の支持母体は頑強で、与党で過半数、改憲勢力で三分の二議席という結果でした。けれども、何もしなかったら、まさに「惨敗」だったでしょう。むしろ問われているのは、これからです。市民活動を担っていたのは、普通の日常を生きる学生、社会人、主婦たちでした。日常の生活を守りたい、より良いものにしたいという思いで、時に日常生活を犠牲にしながら時間をつくり、活動してきました。しかし、皆が日常を大切にできるために、一人一人が個人として言葉にし、行動する日常の積み重ねが必要ではないでしょうか。

私自身、選挙期間中の活動の難しさを感じました。大学で、投票方法をまとめたパンフレットを配布しようとした際、大学側から、文科省に問い合わせた結果、配布を控えるよう指示されたのです。パンフレットに政治的思想は含まれていないため、疑問を感じました。さらには、日頃から政治への問題意識を語っておられる先生が授業でパンフレットを紹介した際、大学から注意を受けるという事態にもなりました。直後に自民党が「学校教育における政治的中立性についての実態調査」というサイトを立ち上げ、[*2]教育現場で政治的中立性を逸脱する教諭の事例について実態調査の協力を募り始めたことは、他人事に思えませんでした。個人の立場を一切抜きにして、本当に教育はできるのか。教育や報道における「中立」「公平」は、多様な意見が議論される中で達成されるものではないかと思います。良識ある先生方を支える必要を感じました。学内での政治活動の自由を持つ学生が、投票を呼びかけただけですが、これらの反応から大学も国も相当敏感になっていることを感じました。しかし萎縮するなら、学生や教育現場から政治が遠のく一方だと思わされました。

選挙に関わる地道な活動と、返ってくる否定的な反応にストレスも覚えました。しかし小さな行動であっても、これまで投票に行かなかった層に対してかなりの影響力があったことを実感しました。若い世代で、政治に関して意思表示をする人があまりに少ないのです。これは福音派のキリスト者の中でも言えることではないでしょうか。

ことばのちから

近年の、若い世代を中心とした市民の動きによって日本社会に生まれた変化のひとつは、だれもが自分のことばで意思表示できる社会が生まれつつあることだと思います。政治や社会問題に関する知識人にかぎらず、普通の市民が、個人の良心、価値観、置かれた環境に立って、思いを主張できるのです。選挙期間にも、候補者だけでなく市民自身が街頭でマイクを握り、政治に対する自分の思いを語る光景が多く見られました。今、私のような特別に政治や聖書に精通しているわけでもない、一信徒、一学生に語る場を与えられていることもその一つでしょう。日本においてはセンシティブな問題である政治について、人前で語ることの責任と影響力は大きく、恐れもあります。普通の市民が、他人任せをやめ、顔と名前を出して、自分の声と言葉で、自分の責任において主張するのです。一度声を上げるということは、ネット上で批判を受けたり、友人関係、学校や職場、教会における関係性に影響したり、就活など将来に響く心配だって生まれます。そのため、すべての人ができることではないでしょう。しかし、それらのリスクにも増して、個人の自由や権利を主張すること、国家権力の間違いを指摘し、より良い政治を要求することがタブー視される社会を、奇妙に感じます。

現在、自由な発言や表現が制限される社会が作られつつあります。だから今、意思表示する必要があるのです。黙っているほうが楽だと思うとき、いつか後悔する日が必ず来ることを想像します。ことばにすることの意義を感じているからこそ、語ることを簡単にあきらめたくないのです。声を上げられる人は、今十分に声を上げておく必要があるのです。自粛し、何も言わずに「中立」を保っているつもりでは、国家権力側に「賛同」していると見なされるからです。奇妙な社会のあり方に慣らされることなく、権利を侵される流れに抵抗することが必要です。抵抗するものがなくなれば、その流れは強くなる一方だからです。違憲の法律が成立してしまったからといて放置することは、今後も国家権力が都合よく憲法を無視することを容認することになるのです。

声を上げ、行動することは自分のためだけではなく、社会的に弱い立場にある人のためでもあります。私は日本国民であり、この国の主権者とされていますが、日本には主権を持たない人や、声を上げることのできない人たちもいます。在日外国人、貧困の中にある人、住民票や戸籍のない人、政治のことを考える以前に今日を生きることが精いっぱいの人がいます。

そのことについて私は、在日三世の弁護士、辛淑玉《シンスゴ》さんの言葉ではっとさせられました。

「（選挙応援の依頼に）行くたびに、『国民が主権者』と連呼する彼らの応援に『国民』から排除され続けてきた私が呼ばれ、『国民の皆様』の連呼の嵐に晒されるのに疲れ果てて帰っている。人権を口にする候補者は皆無だ。外国人の人権、死刑の問題、難民の人権を訴えても、差別的保守的な大衆の支持を得られないからだ。……選挙権のない私は『国民』と呼ばれる有権者に全権委任を強いられ、その結果の負債だけを負わされる。文句を言えば『嫌なら出て行け』とか『帰化しろ』と来る。……私が私として生きることを、私の人生の初めから今日に至るまで邪魔してきたのは、有権者であるあなたたちだ。……ナチス政権下、ガス室に送りこまれる人たちを日々見ていた収容所の主計官が、後に自分の罪を問われて『私が何をしたのでしょう』と泣き崩れた。何かをしたことではなく、なすべきことを何もしなかったことが彼の罪なのだ。……無権利状態の人の命が、あなたの投票行動にかかっている。その責任を果たしてほしい。[*3]」

また、最低賃金引き上げを訴えるデモで、貧困家庭出身という女性の悲痛なスピーチが私の心を突きました。生活に苦労してきた人生を振り返ったことばは、社会に埋もれている無数の小さな声を代弁しているようでした。

「大切な家族ひとりを守れない私に守りたい平和なんてない。」

「弟が自衛隊の一次試験に受かったと言った。自衛隊で大学行くか、奨学金で一千万か、そりゃ悩むよ。」

「お前より大変な人がいると言われるけど、頼り方を教えてほしい。私より大変な人いたら何？　昔よりましなの？　不幸比べも我慢大会もいい加減やめにしたい。おかしいことはおかしいって言っていい。誰もが当たり前に生きられる社会にしたい。こんなに税金払ってるのにどこにいってんの。なんで社会保障だけ財源ないって言うんだろうね。戦争しないで、社会保障に、賃金に、お金まわす社会にしてよ。[*4]」

このことばを聞いたとき、声を上げることのできる人が持つ責任を感じました。粛々と進む日本の「軍事化」の背後で、真っ先にしわ寄せがいくのは社会的弱者です。この国に生きる人の声を聞くことが政治の基本だと思わされました。もっと言うと、大きな声にかき消されている無数の小さな声を聞こうとするのが、キリスト者であるべきだと思うのです。キリストによって救われた私たち自身が、かつては死に至る罪の中に生きる、小さく弱い者でした。そこにキリストが最も弱く貧しくなって寄り添ってくださり、罪を代わりに背負って死にまで従われました。キリストによって私たちは罪を赦され、新しいいのちを与えられ、御国を相続する者とされたのです。だからこそ私たちも、キリストがいのちを与えたいと願っておられる弱いところへ行き、その声を聞き、みことばを伝えます。それとともに、現実の課題に対して代わりに声を上げ行動することを通しても、キリストを指し示すことができるのです。

これまで日本社会は、何かを犠牲にしてでも富の拡大、成長のために突き進んできました。しかしその結果、人間自身や、家族、環境などあらゆる領域に、破壊と分裂が生じました。私たちが当たり前に過ごしている日常生活に、暴力的な構造が潜んでいることに気づかなければなりません。自分自身のこととして、自分の隣人のこととして、受け取ってほしいのです。

キリスト者にとって、ことばは非常に大切です。この世界と人とは、神のことばによりつくられました。

私たちはことばであられるキリストを信じ、ことばでイエスは主と告白します。そして、神のことばである聖書に従い、そのように生きることを望みます。しかしイエスは主だと堂々と告白できない社会、聖書のことばに反することが起こる社会において、私たちがなすべきことは何でしょうか。

私たちにはことばを語る責任があります。イエスは主だと告白し続けると共に、告白し続けられる社会を求めて、声を上げるのです。政治において、正義が行われることを求めて、声を上げるのです。

同時に、私は政治家に、ことばを大切にすることを求めます。憲法のことばを守ってほしい。自らのことばに誠実であってほしい。ことばを操って国民を弄ぶようなことはやめてほしい。そして、国民のことばを聞いてほしい。安保法制に関する一連の動きの中で、与党の、国民や野党のことばに対する、さらには自らのことばに対する不誠実さには、がっかりさせられました。一方、野党が市民の声を聞いて、野党同士の協力体制をつくる動きが生まれたことには、心強く感じました。市民のことばは批判で終わるのでなく、政治家とともに具体的に希望ある社会づくりへと繋がるのです。

市民社会はことばの力に気づき、変化しつつあります。その中で、キリスト者が信仰を、希望を、ことばとして告白するのをやめてしまったらどうでしょう。この世界において平和をつくることをあきらめ、みことばに従って生きることをやめてしまったら、どうでしょう。福音のみことばを聞いた者は、具体的生活においても、そのように生きることが求められているのです。

御国の民として

実際に社会・政治的問題に向き合うとき、大きな誘惑があります。それは、愛がなくなることです。政治という重要な領域に関わるとき、私自身を神さまから引き離そうとする誘惑の大きさを感じました。問題を知り、政治を変えたい、皆に関心を持ってほしいという思いのあまり、人を裁く思いが生まれます。批判を受けると憤りも覚えるし、人と対話するエネルギーも失い、一方的な押し付けになってしまう弱さもありました。しかし自分の力に任せ、怒り、過激になっていく運動によって、平和をつくることはできません。問題が見えるほど危機感を覚えることも事実ですが、動機が良いものでも、歩みにおいていつも主に聞き続ける必要があります。

政治に対し「中立」と自称し傍観者となることは、だれをも敵にしない平和主義者のように思えるかもしれません。けれども現実に正義を求め、平和をつくろうとするとき、対抗すべき存在が見えてくるでしょう。しかし、本当の敵とはだれでしょうか。政治家、政党、背後の利権者、他人任せの国民、他国、でしょうか。敵とは、根源にある罪です。またあらゆる手を尽くして私たちをキリストから引き離そうとするサタンです。しかし、私たちが求める世界は、キリストを主とする世界なのです。そのためキリスト者の政治との関わりは、祈りが必要不可欠な、信仰の闘いなのです。

沖縄のガンジーと呼ばれた阿波根《あはごん》昌鴻《しょうこう》さんという方がおられます。キリスト者として、太平洋戦争後の伊江島にて、土地を奪う米軍に対し、農民たちと徹底した非暴力により抵抗した運動家です。米兵への姿勢として、「米軍には反対するが、アメリカとアメリカ人全部を敵と見ない」こと、また「陳情規定」として、米軍に対して非暴力で、冷静に謙遜な姿勢で対話すること、沖縄人同士の平和を保つこと等を申し合わせていたのです。

抵抗の仕方は状況によってさまざまですが、信仰、希望、愛なしには意味がないことを思わされます。この世界の破れを見るとき、世界の破れは広がり続け、悪の力が栄えて見え、一方で主の良き働きは無力で小さく感じます。しかし、ただキリストへの信仰によって、私たちは希望を持つことができます。キリストが、神に抵抗して遠く離れていた私たちのところに来てくださり、武力ではなく愛によって、私たちの犠牲となることで、破れた関係をとりなしてくださいました。そして罪と悪とに完全に勝利された王なのです。私たちは自分の力で平和をつくることはできません。すべての力は、キリストにあります。だから私たちは、キリストにあって、信仰を持ち、希望に向かい、愛によって、平和をつくる働きをなしていくのです。そのすべての歩みに、御霊が働いてくださいます。

キリスト者の政治への関わりは、好戦的なものでも、短期的なものでもありません。この地において、キリストを主とする神の国の完成を目ざす、日常の信仰生活のうちにあるのです。継続的に、忍耐と誠実をもって関わっていくものであり、難しさのともなう奉仕なのです。さらに、それは一人で行うものでもありません。それぞれの置かれた領域においてキリストの平和をつくることで、共にキリストのからだを建て上げていくのです。私は一人で活動に突っ走ってしまうとき、信仰の友の「一緒に祈ろう」ということばに、何度もはっとさせられてきました。

「むしろ、愛をもって真理を語り、あらゆる点において、かしらであるキリストに向かって成長するのです。キリストによって、からだ全体は、あらゆる節々を支えとして組み合わされ、つなぎ合わされ、それぞれの部分がその分に応じて働くことにより成長して、愛のうちに建てられることになります。」

（エペソ四・一五～一六）

天の国籍を持ちながら、この地上に遣わされたキリスト者の生活とは、どのようなものでしょうか。そもそも政治とは、みなさんにとってどのような存在でしょうか。「自分には関係ない」「一部の人が考えればいい」と遠ざけがちではないでしょうか。政治は、私たちの日常生活の片隅に分離・独立してある分野ではなく、環境、経済、歴史、人権、教育など、日常生活を構成するあらゆる分野に影響を及ぼすものです。それだけではなく、教会の働き、信教の自由など、私たちが社会の中で保証されている自由な信仰生活にも大きく関わり、影響を及ぼすものなのです。

さらに言えば、キリスト者の生活すべてが「信仰生活」であるため、政治に対しても信仰の事柄として分断することなく付き合っていくものです。その信仰とは、キリストを私たちの主とする信仰です。そのお方がこの世界の真の主でもあられ、政治を含むすべてのことを御前で治めておられるのです。キリスト者は主と共にこの世界を治めるようにと召されているのです。だからキリスト者は、政治に対しても、キリストにある希望をもって関わることができるのです。

現実に、政治的課題を教会として向き合うことには、難しさもともないます。しかし、戦中の教会がこぞって偶像崇拝と他国への強要という罪を犯した歴史を覚えるとき、政治は個人で向き合えばよい問題だとは断じて言えません。同時に、教会は政治に抵抗という関わり方だけでなく、社会において神の国を指し示す創造的な働きも期待されているでしょう。教会は、御国のものとされた者たちが地上で集い、礼拝する場所です。地域にとって教会は、神の国の前味を味わうところです。私は、教会が地域社会に、キリストの救いを伝えること、また搾取や犠牲のない調和ある暮らしの実現を通して、神の国を指し示すことができると期待しています。日本各地の教会がみことばに立って、国や地方の政治、地域社会づくりに関わっていくことは、神の国の福音をもたらす一つの大切な働きだと思います。教会は地域から孤立したところにあるのではなく、地域の痛みのある現場へと、神の民を、あらゆる領域へと派遣するのです。塩は、地に溶け出て腐敗を止めます。光は、世界の闇でこそ輝く、希望です。

政治や社会のことについて、私自身、すぐに向き合うことが面倒になり、語ることへの恐れを覚えます。しかしだれよりも、主がこの世界に関心をもって、見つめておられます。私たちも、みことばから、主のまなざしを知り、世界を見るのです。そして破れ口に立つとりなし手として、祈り、示されたときに語り、実際に行動するのです。そのすべてのつとめを、主が共に歩み、成し遂げてくださいます。

「天にいます私たちの父よ。御名があがめられますように。御国が来ますように。みこころが天で行われるように地でも行われますように。私たちの日ごとの糧をきょうもお与えください。私たちの負いめをお赦しください。私たちも、私たちに負いめのある人たちを赦しました。私たちを試みに会わせないで、悪からお救いください。」〔国と力と栄えは、とこしえにあなたのものだからです。アーメン。〕

（マタイ六・九～一三）

1　油井義昭『キリスト者の社会的責任』ＫＧＫブックレット
2　自民党 Lib Dems『学校教育における政治的中立性についての実態調査』〈http://archive.is/FysFM#selection-109.1-109.138〉
3　辛淑玉「〈選挙できるということ〉投票できる日本人の責任――無権利状態にある人間の命を考えたことがあるか」『世界』二〇一六年八月号、岩波書店
4　AEQUITAS エキタス、第二回「上げろ最低賃金デモ」（二〇一五年一二月十三日）、首都圏青年ユニオン、〈https://www.youtube.com/watch?v=PXekBKzgUcI&feature=youtu.be〉

スピーチ　差別をやめて、共に生きよう

中根寧生《ねお》

※これは、二〇一六年七月十八日に在日大韓基督教会横浜教会で行われた、信州夏期宣教講座エクステンション「ヘイト・スピーチと差別が起こる原因」の中で朗読された原稿です。

中学二年の中根寧生です。よろしくお願いいたします。

私が皆さまの前で話すことを、両親はとても心配します。ぼくは「差別をやめて」、「共に生きよう」と、何も悪いことを言っていません。大勢の人の前で話すのはとても緊張するけれども、多くの人に、「差別反対」、「差別をやめて、共に生きよう」とする思いが届くなら、いつでもどこでも勇気を出して、話したいと思います。

二〇一五年十一月八日、私たちの町（川崎市）桜本に、ヘイト・デモが来ると聞いて、大人たちに、「ぼくたち外国人も日本人も共に生きていますよ」と説明すればわかってくれる、差別をやめてくれると

思って、道に立ちました。話し合えばわかり合える、ヘイト・デモをする人たちは、差別をやめて、ぼくたちと共に生きてくれると考えていましたが、とてもそのような状況ではありませんでした。「ゴキブリ朝鮮人、叩き出せ」、「死ね」、「殺せ」と警察に守られながら叫んでいました。「差別をやめて」と叫んだら、大人が指をさして笑ってきました。警察は、そのような大人を注意してくれませんでした。

二〇一六年一月三十一日に、またヘイト・デモが来ました。さらに状況が悪化していました。警察はヘイト・スピーチをする人を守りながら、桜本に向かってきました。「朝鮮人が一人残らず出て行くまで、首を絞める」と言った人を、警察が守っていました。オモニ（お母さん）は泣いていました。ぼくも苦しくて涙が出ました。今でも思い出すと、苦しくて、悔しくて、夜も寝られません。ある人たちは、オモニを襲うのではないかと、とても心配です。

川崎市長さんへ、「助けてください」とのお願いの手紙を書きましたが、市長さんからの返事は、「法律がないから、できない」とのことでした。

今、国会でこの法律が話し合われています。三月二十二日にオモニは、勇気を出して国会で話をしました。ヘイト・スピーチを禁止する法律ができれば、だれも、あのようなひどい思いをしない、そのために役に立ちたいと、またインターネットで悪口を書かれるのを覚悟で、話をしました。ぼくは何度も何度もその中継を見ました。この話がわからない人はいないと思い、聞いていました。

その（国会の）委員会の中で、「ヘイト・スピーチのボリュームを下げれば、ダメージが少なくなる」、「法律で（ヘイト・スピーチを）禁止すれば大変なことになる」と話している人がいました。オモニの話は伝わらないのかと、ショックを受けました。ヘイト・デモの現場に行って、実際に自分の心で考えれば、そのような適当なことが言えるはずがありません。今、国会で話し合われている法律案について、ヘイト・スピーチを禁止するかしないかが大切であることを新聞で読みました。「禁止にしてください」、「守ってください」、「助けてください」。

夜中に目が覚めてリビングに行ったら、オモニがソファーで寝ていました。声をかけようとして電気をつけようとしたら、オモニは寝ながら泣いていました。このようなこと、ヘイト・デモが始まるまでは、一度もありませんでした。ヘイト・デモのことを思い出したのかな、頑張りすぎて疲れてしまったのかなと思い、ぼくもつらいです。

いつもニコニコして皆に優しいオモニと、ぼくたち家族は普通に暮らしたい。ヘイト・デモで傷つけられる前の普通の生活がしたい。平和な桜本を取り戻したい。

法律でヘイト・デモを禁止にしてください。よろしくお願いします。

著者紹介

山口陽一（やまぐち・よういち）

1958年、群馬県に生まれる。東京基督教大学学長、日本同盟基督教団牧師。

登家勝也（とか・かつや）

1930年、東京都に生まれる。日本キリスト教会横浜長老教会牧師。

野寺博文（のでら・ひろふみ）

1962年、北海道に生まれる。日本同盟基督教団赤羽聖書教会牧師。

桑島みくに（くわじま・みくに）

2013年にキリスト教愛真高校、2017年に横浜市立大学国際総合科学部卒業後、現在、東京基督教大学神学科教会教職課程4年。

神への従順とキリスト者の抵抗権

2018年7月1日　発行

著　者　山口陽一、登家勝也
　　　　野寺博文、桑島みくに
編　者　信州夏期宣教講座
印刷製本　シナノ印刷株式会社
発　行　いのちのことば社
〒164-0001 東京都中野区中野2-1-5
電話 03-5341-6922（編集）
03-5341-6920（営業）
FAX03-5341-6921
e-mail:support@wlpm.or.jp
http://www.wlpm.or.jp/

ISBN978-4-264-03921-1